Tiberius

et
Gallisēna ultima

a Latin Novella
by Lance Piantaggini

Poētulus Publishing
magisterp.com

Index Capitulōrum
(et Cētera)

Praefātiō

Tiberius et Gallisēna ultima marks the end of an unexpected saga that began early in 2016 when the idea for *Pīsō Ille Poētulus*, the first of the Pisoverse novellas, was conceived with comprehensibility first and foremost in mind.

Comprehensibility must not be understated.

The comprehensibility of Latin from classical antiquity, however, has seldom been questioned. Classical texts are inaccessible to most beginning students. In most teaching contexts, they frustrate, not inspire, or enlighten. Even some of the most well-polished Latin being written today is still unreadable by beginning students—truly beginning ones. I make no claims that the Pisoverse novellas model classical Latin, nor should they. Thus, I consider the Pisoverse novellas playing a particular role in exposing the beginning reader to high-frequent Latin through narratives they can understand more easily.

An author who deems their work "easy," though, has immediately excluded at least some students. That is, the very nature of a human's internal syllabus dictates that what appears easy to one language speaker—statistically—is impossible to some, feels frustrating to others, is deemed moderately hard by this group, somewhat easy by that, hideously simple to me, and just right for you, etc. Some will read the Pisoverse novellas with ease right away; others will process Latin much slower. Therefore, I don't consider the novellas "easy." That is up to each reader. This work is dedicated to those Pisoverse readers.

Something ought to be said about the liberties I've taken with Divicia, our *Gallisēna*. While I've imagined the powers of the *Gallisēna* completely, their existence has historical claim. Although the circumstances of what led me to their discovery mysteriously escape me, there's a brief reference to the nine maidens of the small island in a rather obscure text, *De Chorographia* 3.48.1 (Pomponius Mela), which is mentioned in Robert Graves' "The White Goddess" (p.111).

Tiberius et Gallisēna ultima is over 3200 total words in length. It's written with 155 unique words (excluding different forms of words, names, and meaning established within the text), 36 of which are cognates, and over 75% of which appear in Caesar's *Dē Bellō Gallicō*. At this present moment, the Pisoverse has grown to about 36,000 total words, using a vocabulary of just over 500!

Lauren Aczon's illustrations from throughout the Pisoverse are featured again, providing a bit of comprehension support for the reader. *See more of Lauren's artwork on Instagram @leaczon, and/or on her blog, (www.quickeningforce.blogspot.com).*

Magister P[iantaggini]
Northampton, MA
May 29th, 2019

I
fugiēns

nox est. Tiberius fugit.

Tiberius rapidē fugit sub lūnā plēnā.[1] lūna plēna est, sed Tiberius exercitum Rōmānum nōn videt. nōn bene videt, oculīs arboribus obscūrīs.[2]

---

[1] **sub lūnā plēnā** *under a full moon*
[2] **oculīs arboribus obscūrīs** *with eyes obscured by trees*

Tiberius neque mīlitēs, neque exercitum videt. fugiēns, Tiberius sōlus est. fugit sine mīlitibus cēterīs. fugit sine exercitū. dēspēranter fugit.

Tiberius: ...Ubi sit exercitus?!
Ubi sint mīlitēs cēterī?! sōlus sum!

Tiberius per silvam rapidē fugit sub tegmine arborum.[3] per arborēs sōl nōn lūcet. quam altae[4] sunt arborēs! quam dēnsae arborēs sunt! nihil, enim, Tiberius in silvā videt. fugiēns per silvam obscūram, Tiberius fatīgat.[5]

Tiberius: ...haec nox...nimis longa est! quam longa est nox! quam celerrimē[6] currō!

---

[3] **sub tegmine arborum** *under the cover of trees*
[4] **quam altae!** *how tall!*
[5] **fatīgat** *becomes tired*
[6] **quam celerrimē** *as fast as possible*

currēns, Tiberius valdē fatīgat. per hōrās[7] currit.

Tiberiō per hōrās currentī,[8] nox nōn longa, sed perpetua esse vidētur!

Tiberius: ...estne nox haec perpetua?! currō per hōrās! Quālis silva est? sitne silva magica?!

Tiberiō fugientī fatīgantīque,[9] nox perpetua vidētur esse, sed perpetua nōn est! nox neque perpetua, neque longissima est. nōmen noctī longissimae est "brūma."[10]

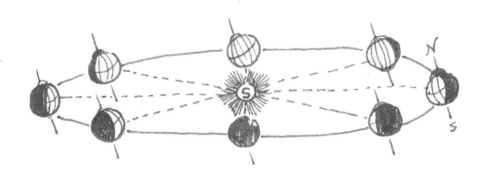

---

[7] **per hōrās** *for hours*
[8] **Tiberiō currentī** *since Tiberius has been running*
[9] **fugientī fatīgantīque** *fleeing and becoming tired*
[10] **brūma** *winter solstice (i.e. longest night of the year)*

nox haec, autem, brūma nōn est. hiems, autem appropinquat.[11] ergō, ferē[12] brūma est. hiems rapidē appropinquat. āēr frīgidus est. Tiberius est frīgidus.

fugiēns, Tiberius valdē fatīgat, sed mīles fortis est. Tiberius, enim, pergit.[13] nam, mīlitēs fortēs pergunt.

Tiberius, quī ā mīlitibus cēterīs sēparātus est, per silvam fugit. quam obscūrissima silva est! nam, oculī Tiberiī tegmine arborum dēnsārum obscūrī sunt. haud potest[14] lūnam plēnam vidēre. mīles silvam haud videt.

subitō, Tiberius aliquid audit, deinde gladium celeriter stringit.[15]

Tiberius: ...Quis sit?! sitne Germānus quī mē interficere vult?

---

[11] **appropinquat** *approaches*
[12] **ferē** *almost*
[13] **pergit** *presses on (i.e. continues)*
[14] **haud potest** *is hardly able*
[15] **stringit** *draws (from a sheath)*

Tiberius iterum fugere incipit. per silvam obscūram celeriter fugiēns, Tiberius nōn bene videt. ēheu! Tiberius flūmen vidēre nōn potest!

subitō, in flūmen Tiberius cadit!

Tiberius in aquam frīgidam cadit. nōn surgit. in aquā, mīles sōlus neque audītur, neque bene vidētur. nōn movet.

tantum arborēs in silvā tranquillē movent.

II
figūra obscūra

Tiberius, Germānōs fugiēns, in flūmen frīgidum cecidit. ferē per hōram in aquā mīles nōn movēbat.

subitō, Tiberius surgit.

Tiberius figūram videt, sed nōn bene videt. nam, in silvā, oculī Tiberiī obscūrī sunt tegmine arborum altārum dēnsārumque. figūra nimis ātra est.

Tiberius suspīciōsus est. Tiberius quam celerrimē gladium stringere vult, sed frūstrā![1] mīles, enim, gladium iam nōn habet! Tiberius gladium rapidē quaerit, sed eum nōn invenit. figūra ātra appropinquat.

quam perterritus homō sit![2] Tiberius, autem, mīles fortis est. neque pugnat, neque fugit. nōn movet. sine gladiō, Tiberius contrā figūram fortiter stat.

figūra appropinquat. Tiberius figūram appropinquantem cautē spectat. Tiberius animum firmat.

Tiberius: "nōlī movēre![3] Quis es?!"

figūra, autem, per arborēs iam appropinquat.[4] figūra ferē lūcet in silvā obscūrā. Tiberius iam bene vidēre potest. figūra, quae appropinquat, vultum tranquillum habet. figūra oculōs haud obscūrōs habet. nam, oculī figūrae lūcent. figūra stolam longam gerit. quam longa stola est! stola est longa, inornāta, et ferē lūcet. stola vidētur esse magica. oculī videntur esse magicī.

---

[1] **frūstrā** *frustratingly, in vain*
[2] **quam perterritus homō sit!** *How scared a person would be!*
[3] **nōlī movēre!** *Don't move!*
[4] **iam appropinquat** *still approaches*

13

iam Tiberius facilē vidēre potest figūram esse fēminam. sed, sitne fēmina magica?! vidētur esse dea. sitne fēmina dea?!

Tiberius: "Quis es?!"

longē in silvā, avis sōla audītur. fēmina longē per silvam spectat. deinde, silentium est. fēmina iam Tiberium spectat.

fēmina: "Divicia vocor."

Tiberius, quamquam fēminam audīvit, cōnfūsus est.

Tiberius: ...Quāle nōmen est 'Divicia?' nōn est nōmen Rōmānum! sitne nōmen deae?!

Tiberius, fēminam cautē suspīciōsēque spectat...

III
meā linguā

Tiberius nēscit figūram nōn esse deam. sī fēmina dea sit,[1] Tiberius movēre nimis celeriter nōn velit. Tiberius, vultum fēminae spectāns, cautē pergit.

Tiberius: "Quāle nōmen est tibi?!"

Divicia ad Tiberium appropinquat.

Divicia: "in flūmen cecidistī. nōn movēbās. per hōrās nōn movēbās. ergō, trāxī tē ē flūmine. ex aquā frīgidā tē trāxī. es Rōmānus, nōnne?"

dī immortālēs! Tiberius cōnfūsus — nōn — cōnfūSISSIMUS est! fēmina, enim, eum ē flūmine trāxit?! quam fortis fēmina est!

---

[1] **sī fēmina dea sit** *if the women were a goddess*

Tiberius: "Rōmānus sum."

subitō, Tiberius uxōrem Agrippīnam in animō volvit.[2] Agrippīna fēmina fortis est. neque fatīgat, neque dēspērat. fragilis nōn est.

Divicia: "Rōmāne, audī! sī Germānōs fugere vīs, venī mēcum![3] nōnne fugere vīs?! venī! curre!"

Tiberius nēscit ubi sit.[4] nam, silva obscūra—nōn—obscūRISSIMA est! in silvā est via, sed via ātra obscūraque. via vidērī nōn potest. sub tegmine arborum altārum, Tiberius viam nōn videt. nihil, enim, Tiberius per silvam videt. tantum flūmen fēminamque propē vidēre potest. Tiberius iterum suspīciōsus est. cautē pergit.

Tiberius: "Ubi sumus?"

Divicia: "sumus prope flūmen Sēquanam."

Tiberius: "sumus prope flūmen Sēquanam?! flūmen Sēquana est in Belgicā. esne Belga?"

---

[2] **in animō volvit** *thinks about*
[3] **venī mēcum!** *Come with me!*
[4] **nēscit ubi sit** *doesn't know where he is*

Divicia: "nāta sum trāns flūmen. Celta sum—nōn sum Belga."

Tiberius iterum cōnfūsus est. nōn recōgnōscit nōmen "Celta." nōmen haud familiāre est.

Tiberius: "Gallī trāns flūmen Sēquanam nātī sunt. Gallī—nōn C...Cel...Celtae—sunt trāns flūmen Sēquanam. nōn es C...Cel...Celta, es Galla!"

Divicia rīdet. nam, Tiberius nōmen "Celtam" nēscit.

Divicia: "sumne?! perge!"

Tiberius: "flūmen Sēquana dīvidit Gallōs ā Belgīs. nōn es Galla. ergō, Belga es."

Divicia: "nāta sum trāns flūmen, sed longē ā Belgicā. Belga, enim, nōn sum. sum Celta."

Tiberius: "trāns flūmen nāta es. ergō, es Galla. nōn es...Celt...Celta?!"

Divicia valdē rīdet.

Divicia: "quam arrogāns es, mīles! nōlī esse arrogāns Rōmānus."

Tiberius: "arrogāns?! sum Rōmānus, sed nōn sum Rōmānus arrogāns!"

Divicia: "Rōmāne, multae linguae sunt! nam, sum 'Galla' tuā linguā.[5] sum, enim, 'Celta' meā linguā."

est silentium. subitō, arma audiuntur!

Divicia: "audīvistīne arma?"

nihil, enim, Tiberius audīvit. Divicia, autem, arma multa audīvit.

Divicia: "sunt Germānī!"

Tiberius: ...Germānī?! dī immortālēs! Cūr Germānī prope flūmen Sēquanam sunt?! nam, flūmen Sēquana ā Germāniā longē est! et...Cūr Celtica fēmina mē ē flūmine trāxit?

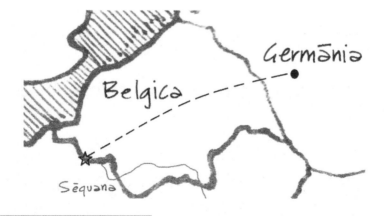

---

[5] **tuā linguā** *in your language*

Divicia: "Rōmāne, sunt Germānī! curre! trānsiāmus flūmen!"[6]

Tiberius suspīciōsus iam est.[7] Germānī, autem, celeriter appropinquant. Tiberius, suspīciōsus, currere incipit, sed cautē.

Tiberius: "curram, sed tē spectābō, Celta!"

---

[6] **trānsiāmus flūmen!** *Let's cross the river!*
[7] **iam est** *still is*

IV
magica druiadum

Germānī Tiberium et Diviciam in silvā invēnērunt. Germānī eōs interficere volunt.

iam, Tiberius et Divicia ad flūmen currere incipiunt. ēheu! Tiberius cadit. in arborem dēnsam cadit. Divicia eum videt.

Divicia: "Rōmāne, surge! Germānī propē sunt! Germānī celeriter appropinquant!"

Tiberius et Divicia ad flūmen iam veniunt. flūmen plēnum aquae, sed haud altum est. Tiberius et Divicia flūmen trānsīre possunt. flūmine nōn altō,[1] trānsīre facilē possunt.

---

[1] **flūmine nōn altō** *since the river isn't deep*

Germānī appropinquantēs Tiberium et Diviciam vident. Germānī, enim, eōs interficere volentēs, in eōs iam pugnant. Germānī multa arma gerunt. arma Germānōrum sunt inornāta, sed ēnormia! Germānī iam tēla iaciunt,[2] et sagittās mittunt.[3]

Tiberius: "Germānī sagittās multās mittunt! quam multa tēla sunt! nōn sumus tūtī! caedēs erit!"[4]

Tiberius et Divicia in aquam frīgidam currunt, deinde trāns flūmen fugere incipiunt, sed frūstrā. nam, nimis multī Germānī sunt.

Divicia, autem, nōn dēspērat. neque currit, neque fugit. iam nōn movet. Divicia stat. contrā Germānōs multōs fortiter stat.

Divicia: "nōn erit caedēs, Rōmāne. firmā animum tuum, mīles! nēscīs mē. nēscīs Celtās. nēscīs incantāmenta magica druiadum!"[5]

Tiberius iterum cōnfūsus est. nēscit druiadēs.

---

[2] **tēla iaciunt** *throw spears*
[3] **sagittās mittunt** *send arrows (i.e. shoot arrows)*
[4] **caedēs erit** *it will be a slaughter/massacre*
[5] **incantāmenta magica druiadum** *magical incantations of the druids*

subitō, Divicia canere incipit. nōn sunt versūs. sunt incantāmenta. versūs essent[6] familiārēs Tiberiō. incantāmenta, autem, familiāria nōn sunt.

Divicia incantāmenta magica canit. vultus Diviciae obscūrus fit.[7] arborēs movent. aqua ē flūmine surgit. caelum obscūrum, deinde ātrum fit. āēr frīgidissimus fit. quam perterritī Germānī sunt! Tiberius quoque perterritus est. neque Tiberius, neque Germānī movent.

---

[6] **versūs essent** *verse would be (i.e. lines of poetry would be)*
[7] **obscūrus fit** *becomes dark (i.e. grows dark)*

subitō, Germānī cadunt. deinde, sagittae tēlaque Germānōrum in āerem surgunt, deinde in caelum ātrum ēvānēscunt. Germānīs incantāmentīs magicīs Diviciae perterritīs,[8] fugere nōn possunt.

subitō, Divicia et Tiberius ēvānēscunt!

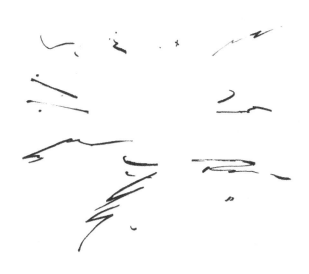

---

[8] **Germānīs incantāmentīs perterritīs** *since the Germans are terrified of the incantations*

V
Īnsula Sēna

Tiberius nēscit ubi sit.

Divicia: "Rōmāne, nōs trānsportāvī silvam.[1] in āerem ēvānuimus. iam, tūtī sumus."

Tiberius: ...Celta silvam nōs trānsportāvit?! ēvānuimus?! dī immortālēs! dormiōne?! estne Divicia dea?!

Tiberius, quamquam Germānōs flūmenque nōn videt, iam cōnfūsus est. Tiberius nōn dormit, sed Divicia dea nōn est. Divicia fēmina magica est. Divicia est druias Celtica.

Divicia: "surge, Rōmāne, fugiāmus!"

---

[1] **nōs trānsportāvī silvam** *I transported us across the forest*

Tiberius: "Cūr nōs Rōmam per āerem nōn trānsportāvistī?!"

Divicia: "Rōmāne, nōn sum dea! longē—nōn—lonGISSIMĒ sit! quam fessa sum! nōs silvam per āerem trānsportāvī, sed propē. haud longē sumus ā Germānīs. nam, Germānī audiuntur propē in silvā. fugiāmus!"

nōn tantum avēs ā Tiberiō in silvā audiuntur. arma Germānōrum ferē, sed nōn facilē, audiuntur.

Tiberius iam videt Diviciam surgere nōn posse. nam, Tiberiō et Diviciā silvam trānsportātīs,[2] Divicia valdē fatīgāvit. Germānī, autem, iam appropinquant. Tiberius Diviciae auxilium dare vult. trahere Diviciam incipit, sed haud facilē. nam, Tiberiō, quamquam mīles fortis est, facile nōn est fēminam fortem magicamque trahere. Tiberiō Diviciae auxilium dantī,[3] per silvam obscūram fugiunt, sed haud celeriter fugiunt.

Tiberius: "Quid vīs, Celta?! Cūr ē flūmine mē trāxistī? Cūr nōs silvam trānsportāvistī? Cūr mihi auxilium dedistī?!"

Divicia: "nōnne vīs īre Rōmam? quam longissima est via, Rōmāne! volō tibi auxilium dare. habēsne sorōrēs?"

Tiberius: "sorōrēs nōn habeō, sed uxōrem et fīliōs duōs habeō. volō iterum eōs vidēre. Cūr, autem, auxilium mihi dare vīs?"

Divicia per silvam spectat, deinde Tiberium spectat.

---

[2] **Tiberiō et Diviciā trānsportātīs** *since Tiberius and Divicia have been transported*

[3] **Tiberiō auxilium dantī** *with Tiberius helping*

Divicia: "habēs uxōrem et fīliōs? fortūnātus es. sorōrēs habēbam. Germānī, autem, meās sorōrēs cārissimās[4] interfēcērunt. Rōmānī in mē admīrātiōnem movent[5] quia in Germānōs pugnant. ergō, volō auxilium Rōmānīs dare. Rōmānus es. ergō, auxilium tibi dedī, et auxilium tibi dabō."

Tiberius: "Germānī sorōrēs tuās interfēcērunt?! eratne proelium?"

Divicia: "nōn proelium, sed caedēs fuit. in Sēnā fuit caedēs. Sēna īnsula est. sum dē Sēnā. tantum fēminae erant in īnsulā Sēnā. sum ūna ē Gallisēnārum."

---

[4] **cārissimās** *most cherished, dearest*

[5] **in mē admīrātiōnem movent** *move admiration in me (i.e. impress me)*

Tiberius: "Gallisēnae?!"

Divicia: "fēminae Celticae dē īnsulā Sēnā vocantur 'Gallisēnae.' Gallisēnae sunt druiadēs. erant novem (9) Gallisēnae. iam, autem, est ūna. sōla sum. sum, enim, ultima Gallisēna!"

Divicia caelum spectat. in animō sorōrēs Gallisēnās cārissimās volvit. caelum ferē lūcet, deinde obscūrum iterum fit.

Tiberius: "quam fortis es! quam potestātem habēs! incantāmenta magica canēbās, deinde nōs trānsportāvistī silvam. es Gallisēna et dru...druias?!"

Divicia: "druiadēs sunt augurēs.[6] sumus fēminae magicae quoque. pugnāmus incantāmentīs magicīs."

Tiberius: "es fortūnāta! Quālem potestātem habent incantāmenta magica?"

---

[6] **augurēs** *augurs, interpreters of birds for omens*

Divicia: "nōs druiadēs incantāmentīs magicīs hominēs sānāmus. possumus ēvānēscere, deinde silvās trānsportāre. habēmus potestātem arborum, et pugnāmus arboribus. habēmus potestātem caelī, quoque. nam, solstitium dat potestātem fortem nōbīs druiadibus. solstitium,[7] potestās mea ferē perpetua est! nox haec, autem, solstitium haud est. āere frīgidō et hieme appropinquantī,[8] ferē brūma est. ergō, fatīgō."

Tiberius: "Celta...Divicia...Gallisēna...druias... Quot nōmina sunt tibi?!"

Divicia rīdet.

Divicia: "tantum nōmen 'Divicia' est mihi, sed cētera nōmina mē vocāre potes, sī velīs. Quot nōmina sunt tibi, Rōmāne?"

Tiberius: "nōmen mihi est Tiberius Drūsus Cl—"

Divicia: "—ecce, flūmen!"

---

[7] **solstitium** *during the Summer Solstice*
[8] **āere frīgidō et hieme appropinquantī** *since the air is cold and*
winter is approaching

Divicia Tiberium nōn audīvit. nam, Divicia flūmen videt et recōgnōscit. flūmen familiāre est.

Divicia: "probābiliter est flūmen Matrona! flūmen Matrona quoque dīvidit Gallōs ā Belgīs. venī mēcum! pergāmus!"

VI
Matrona

Divicia prope Matronam pergere vult. Tiberius, autem, prope Matronam pergere nōn vult. nam, Matrona dīvidit Gallōs ā Belgīs. Belgica, enim, prope Germāniam est. Tiberius ad Germāniam appropinquāre nōn vult.

Divicia ad flūmen Matronam currere incipit. Tiberius, autem, nōn movet.

Divicia: "Tiberī, pergāmus!"

Tiberius: "...sed Matrona dīvidit Gallōs ā Belgīs. sunt multī Germānī prope Matronam."

Divicia: "Tiberī, satis temporis nōn est. esne perterritus?"

Tiberius: "perterritus?! sum mīles Rōmānus fortis. perterritus nōn sum. Germānī, autem, volunt nōs interficere! sumus duo. sumus paucī, et gladium nōn habeō!"

Divicia: "Tiberī, sum druias magica. nōlī dēspērāre! tūtī erimus. venī mēcum!"

* * *

Tiberius et Divicia pergunt. prope Matronam pergunt. multās per hōrās pergunt.

subitō, Tiberius et Divicia collem altum vident!

ad collem eunt, deinde eum trānseunt. aliquid per silvam vidētur. Divicia, autem, nēscit quid sit.

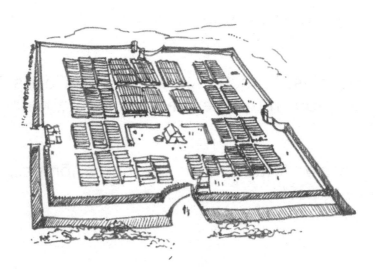

est castrum Rōmānum! Tiberius et Divicia ad castrum Rōmānum currunt.

Tiberius: "ecce, castrum Rōmānum! in castrō tūtī erimus!"

Tiberius ad castrum appropinquat, deinde fossam trānsit, sed haud facilē. fossa, enim, alta est. Tiberius fossam cautē trānsit, deinde in castrum it.

in castrō, āēr tranquillus, sed frīgidus est. Tiberius Rōmānōs quaerit, sed frūstrā quaerit. nōn invenit Rōmānōs. Rōmānī nōn sunt in castrō. in castrō nihil est. castrum, enim, dēsertum est. tantum silentium per castrum est. Tiberius per silvam dēnsam iam spectat.

subitō, Tiberius aliquid videt. Tiberius figūrās ātrās in silvā videt.

Tiberius: "Divicia, vidēsne aliquid in silvā?"

Divicia: "Germānī sunt! Germānī iterum nōs invēnērunt!"

VII
proelium in castrō

Divicia canere incipit. canere incantāmenta magica incipit. vultus druiadis fortis obscūrus iterum fit, sed frūstrā. nam, Divicia, quamquam druias magica est, valdē fatīgāvit. Divicia pugnāre incantāmentīs magicīs iam nōn potest.

Diviciā fessā silvam trānsportandō,[1] potestātem nōn habet. Tiberius et Divicia iam firmant castrum ad pugnandum, sine incantāmentīs magicīs.

Tiberius et Divicia dēspēranter celeriterque castrum firmant. Tiberius arma quaerit, sed castrum dēsertum est. nōn invenit arma.

sine armīs, Tiberius et Divicia arborēs longās ex silvā trahunt, deinde arborēs prope fossam volvunt.

---

[1] **Diviciā fessā trānsportandō** *with Divicia tired from transporting*

Tiberius et Divicia in castrō stant. castrum, autem, nōn satis firmātum est ad dēfendendum. Tiberiō, firmāre castrum frūstrā esse vidētur. Tiberius et Divicia bene dēfendere castrum nōn possunt sine exercitū, sine mīlitibus, sine armīs.

subitō, Germānī ex silvā veniunt, arma multa gerentēs!

Tiberius et Divicia contrā Germānōs multōs iam stant.

   Tiberius: "nōbīs arborēs, sed Germānīs arma sunt. Quāle proelium sit? nōn proelium, sed caedēs erit!"

mīles Rōmānus et druias Celtica tantum duo sunt. silva, autem, plēna est Germānōrum!

   Divicia: "Quot Germānī sunt?"

   Tiberius: "nēsciō...sēscentī[2] sunt!"

Germānī, enim, ad castrum appropinquant, tēlīs strictīs.

_____

[2] **sēscentī** *600 (but used in place of "tons" or "like, a thousand")*

Tiberius: "Divicia, castrum dēfendere nōn possumus. satis temporis nōn est ut nōs castrum firmēmus. interficiēmur!"[3]

iam, Germānī ad castrum rapidē currunt, tēla iacientēs.

Tiberius: ...sitne proelium ultimum meum?! sitne haec hōra ultima?! tantum duo sumus. sumus paucī. nōn possumus pugnāre! dī immortālēs!

Tiberius animum firmat, contrā Germānōs stat, deinde deōs, Iovem Mārtemque, vocat:

Tiberius: "Ō Iuppiter, Ō Mārs, dāte auxilium nōbīs ad castrum dēfendendum! nam, volō fīliōs meōs iterum vidēre! volō uxōrem iterum vidēre! dāte auxilium nōbīs!"

Tiberius admīrātiōnem movet in Diviciā.

---

[3] **interficiēmur!** *We're about to be killed!*

Divicia caelum et silvam et avēs vocāre vult, sed frūstrā. nam, Divicia satis fatīgāvit ut incantāmenta canere nōn possit. druias fessa iam nōn habet potestātem fortem.

subitō, sagittae per āerem missae audiuntur!

VIII
sagittae?!

Tiberius: "sagittās audiō, sed Germānī sagittās nōn mīsērunt. Germānī nōn satis propē sunt ut sagittās mittant."

Divicia: "...et sagittās nōn habēmus. Quis sagittās mīsit?!"

Tiberius iam videt multās sagittās mīsī per āerem. multī Germānī cadunt. Germānī multī nōn movent, interfectī sagittīs. paucī Germānī iam stantēs cōnfūsī sunt. dēspēranter fugere incipiunt!

subitō, ex silvā hominēs currunt!

Tiberius: "ecce, Belgae!"

subitō, Belgae multī ex silvā currunt! sēscentī Belgae in Germānōs pugnant!

Divicia: "Belgae pugnant in Germānōs ferē cotīdiē. ergō, Belgae fortēs sunt, et habent potestātem pugnandī."[1]

Tiberius: "Belgīs fortibus,[2] sumus tūtī!"

Divicia: "Tiberī, Belgīs in Germānōs pugnantibus,[3] tempus est nōbīs ad fugiendum."

---

[1] **habent potestātem pugnandī** *have power of fighting*
[2] **Belgīs fortibus** *since the Belgians are strong*
[3] **Belgīs in Germānōs pugnantibus** *with the Belgians fighting the Germans*

Belgīs Germānīsque pugnantibus, Tiberius et Divicia ē castrō celeriter fugiunt.

Divicia: "eāmus in silvam!"

Tiberius: "iterum in silvam?!"

Divicia: "iterum, sub arboribus dēnsīs obscūrīsque."

* * *

Tiberius et Divicia, fessī currendō,[4] in silvā obscūrā cadunt. cadunt prope arborem ēnormem.

---

[4] **fessī currendō** *tired from running*

Tiberius: "quam ēnormis est arbor!"

Divicia: "sub hāc arbore, tūtī erimus. tūtī erimus incantāmentīs magicīs druiadum!"

arbor ēnormis Diviciam, Gallisēnam ultimam, sānat. Divicia canere incipit. canit incantāmenta magica. arborēs tranquillē movent. arbor ēnormis lūcet. āēr frīgidus iam nōn est.

Tiberius, autem, haud Diviciam audit. fessissimus currendō, mīles dormit.

IX
suntne poētae
Rōmānī magicī?

subitō, Tiberius surgit!

sōl lūcet. silva vidētur esse tranquilla. sōle lūcentī,[1] enim, silva obscūra iam nōn est. Tiberius avēs canentēs longē in silvā audit. Germānī neque videntur neque audiuntur.

Divicia: "multās per hōrās dormiēbās, Tiberī. arbor ēnormis mē sānāvit. arbor quoque tē sānāvit incantāmentīs magicīs meīs."

Tiberius et Divicia per silvam pergunt, sed nōn celeriter pergunt. tūtī sunt sub tegmine arborum multārum dēnsārum in silvā.

---

[1] **sōle lūcentī** *with the sun shining*

Divicia: "tūtī iam sumus. Ubi, autem, est exercitus Rōmānus? Tiberī, fūgistīne exercitum? eratne proelium?"

Tiberius: "in exercitū pugnābam, sed proelium nōn fuit...fuit caedēs! fūgī per silvam. rapidē fūgī. fūgī sub tegmine noctis!"

Divicia: "Quid?"

Divicia rīdet.

Divicia: "fūgistī 'sub tegmine noctis'—esne bardus?![2]

Tiberius: "bardus?! Quid est bardus?!"

Divicia: "meā linguā 'bardus' est vir quī canit. linguā tuā est 'poēta.' bardus, autem, est vir magicus. suntne poētae Rōmānī magicī?"

---

[2] **bardus** *bard, a poet and singer*

Tiberius: "poētae nōn sunt magicī. Rōmānī magicī nōn sunt. quam fortūnātae Celtae sunt!"

Tiberius fīlium, Pīsōnem, in animō iam volvit. Pīsō ferē cotīdiē canēbat. versūs fīliī admīrātiōnem movēbant in Tiberiō.

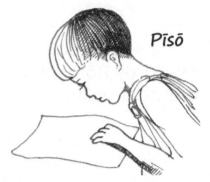

Pīsō

Pīsō versūs dē mīlitibus canēbat. versūs dē armīs inornātīs canēbat! Pīsō versūs dē multīs Tiberiō cārissimīs[3] canēbat. Tiberius ferē dēspērat. animus, autem, firmandus est Tiberiō.[4]

Divicia: "fortūnāta sum, sed fortūnātus quoque es, Tiberī. es mīles in exercitū Rōmānō! Quid, autem, dē exercitū et caedī? perge!"

Tiberius: "pugnābam, sed frūstrā. nam, caedēs fuit. deinde, ab exercitū sēparātus sum. sēparātus sum ā mīlitibus cēterīs. sōlus eram. probābiliter mīlitēs interfectī sunt. iam īre Rōmam volō. iam, volō fīliōs meōs vidēre."

Divicia: "Tiberī, volō auxilium dare, sed—"

---

[3] **dē multīs Tiberiō cārissimīs** *about many dear things to Tiberius*
[4] **firmandus est Tiberiō** *must be strengthened for Tiberius*

subitō, Divicia iam nōn movet! Tiberius avēs neque videt neque audit. nihil, enim, Tiberius audit. est silentium. audiēns, Divicia per silvam spectat.

subitō, Tiberius aliquid audit!

Divicia: "Germānī appropinquant! Germānī iterum nōs invēnērunt! fuge, mīles! curre quam celerrimē!"

X
Rhēnus

Tiberius et Divicia iam fugiunt. quam celerrimē currunt! ēheu! Tiberius cadit. in avēs ātrās cadit.

Divicia: "ecce, avēs! sunt trēs avēs ātrae."

Tiberius: "Divicia, nōnne druiadēs augurēs sunt? es druias. nōnne augur es?"

Divicia augur incantāmenta canit, deinde avēs trēs spectat. aliquid in avibus vidērī potest.

Divicia: "videō aquam. iam, flūmen videō. est flūmen plēnum aquae. est flūmen, et...et...collis. est collis—nōn—sunt collēs trēs. collēs ātrī sunt. quoque est mōns ēnormis. videō flūmen, collēs trēs ātrōs, et montem ēnormem."

Germānī celeriter appropinquant. fugientēs Germānōs, Tiberius et Divicia ad collēs trēs veniunt.

Divicia: "ecce, collēs! sunt trēs collēs ātrī, quōs in avibus tribus vīdī."

Tiberius et Divicia collēs trēs trānseunt, sed nōn facilē.

subitō, Tiberius flūmen iam audit!

Divicia: "ecce, flūmen! flūmen vīdī in avibus. probābiliter est flūmen, Rhēnus!"

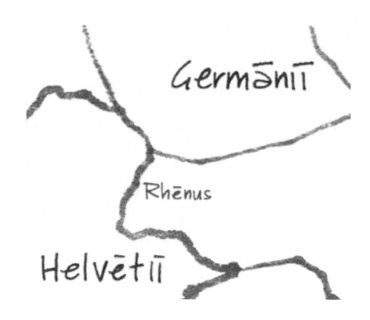

Rhēnus dīvidit Helvētiōs ā Germānīs. Tiberius ad Germāniam appropinquāre nōn vult. stat contrā flūmen. quam altum est flūmen!

Divicia: "Tiberī, pergāmus! Cūr nōn movēs?!"

Tiberius: "Rhēnus prope Germāniam est. nōnne Germānī volunt nōs invenīre deinde interficere? sunt multī Germānī prope Rhēnum. iam fatīgāvistī, Divicia. es fessissima! dābuntne incantāmenta magica tua auxilium nōbīs? haud potes nōs iterum per āerem silvam trānsportāre, nōnne? Rhēnus altissimus est. Rhēnus est flūmen forte...et nimis altum. nōn possumus flūmen trānsīre, tūtī."

Divicia: "nōbīs silvam trānsportātīs,[1] satis potestātis nōn habeō ut iterum ēvānēscāmus."

Tiberius: "...et nōn possum tē sānāre. nōn sum vir magicus. bardus nōn sum."

Divicia: "pergāmus, sed nōn trāns Rhēnum!"

Tiberius et Divicia per silvam pergunt. multās per hōrās pergunt. iam, nox est. lūna, autem, plēna est. sub lūnā plēnā lūcentī, aliquid ēnorme in caelō longē vidētur.

Tiberius et Divicia appropinquant...

---

[1] **nōbīs silvam trānsportātīs** *since we've been transported across the forest*

XI
Mōns Iūra

in caelō est aliquid ēnorme altumque.

Divicia: "ecce, collis!"

Tiberius: "haud est collis, Divicia. ecce, mōns!"

Tiberius montem familiārem spectat. recōgnōscit montem.

Tiberius: "Mōns Iūra est! Rōma haud longē est ā Monte Iūrā. pergāmus, Divicia, pergāmus!"

Divicia: "Tiberī, haud facilē possumus trānsīre Montem Iūram. nōn sumus dī! Mōns Iūra est altus—nōn—alTISSIMUS est! nimis altus est mōns. Mōns Iūra satis altus est ut trānsīre nōn possimus! hiems celeriter appropinquat. hiems ferē incipit. in Monte, nimis frīgidum sit."

Tiberius: "nōn satis fortēs sumus ad montem altissimum trānsiendum."

Divicia: "frūstrā sit."

Divicia ferē dēspērat.

Tiberius: "Divicia, est via altera."

Divicia: "via altera?!"

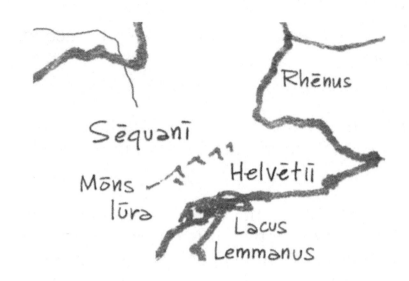

Mōns Iūra dīvidit Sēquanōs ab Helvētiīs. Lacus Lemannus quoque dīvidit Sēquanōs ab Helvētiīs, et Rōmānōs ab Helvētiīs. ab Lacū Lemannō, Rōma haud longē est.

Tiberius: "Divicia, nōlī dēspērāre! Lacus Lemannus prope Rōmam est."

Divicia: "sed Tiberī, Lacus Lemannus nimis altus est!"

Tiberius: "Lacus Lemannus est altus ēnormisque, sed pergāmus ad Āfricum! nam, Lemannus haud altus est ad Āfricum."

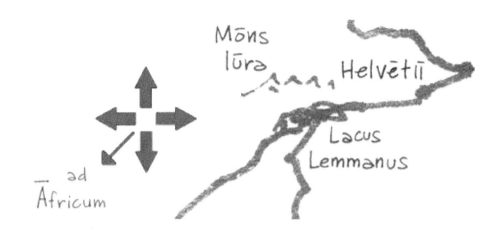

Tiberius et Divicia ad Āfricum spectant. per silvam iterum pergunt, viam ad Lacum Lemannum quaerentēs. nox longa esse vidētur, sed mīles et druias nōn dēspērant.

XII
Lacus Lemannus

nox longa esse vidēbātur. sōl, autem, iam lūcet. avēs canentēs, nōn hominēs, audiuntur. Germānī longē, nōn propē, sunt. nam, Germānī viam alteram trāns Lacum Lemannum nēsciunt. per silvam tranquillam Tiberius spectat, Lacum Lemannum quaerēns.

subitō, Tiberius et Divicia ad Lemannum veniunt!

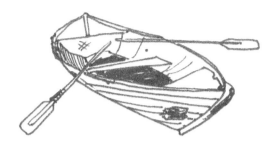

Tiberius: "ecce, scapha! trānsiāmus Lacum Lemannum scaphā!"

Divicia: "...sed est tantum ūna scapha. sumus duo. scapha fragilis est."

Tiberius: "duo sunt paucī. possumus Lemannum trānsīre scaphā."

Tiberius trāns aquam tranquillam Lemannī spectat.

subitō, Tiberius aliquid videt!

figūrae appropinquant. figūrae ātrae sunt. figūrae, autem, sunt hominēs. sunt hominēs, sed Germānī nōn sunt.

hominēs quī iam appropinquant arma nōn habent. Tiberius iam fēminam vidēre potest.

subitō, Tiberius vultum fēminae recōgnōscit!

fēmina stolam familiārem gerit. est fēmina familiāris, et...

Tiberius: "—Pīsō? PĪSŌ!"

Index Verbōrum

A

ā/ab *from, by, away*
ad *towards, to, in order to, for the purpose of*
admīrātiōnem *admiration*
    admīrātiōnem movēre in *to move admiration in (i.e. impress)*
āēr *air*
  āere *air*
    āere frīgidō *since the air is cold*
  āerem *air*
    in āerem *into the air*
    per āerem *through the air*
Āfricum *the southwest wind*
    ad Āfricum *to the southwest*
Agrippīna *Agrippina, Tiberius' wife*
  Agrippīnam *Agrippina*
    Agrippīnam in animō volvit *thinks about Agrippina*
aliquid *something*
    aliquid audit *hears something*
    aliquid vidēre *to see something*
    aliquid ēnorme *something enormous*
alta *deep, tall, high*
    fossa alta *deep trench*
  altae *tall (more than one)*
    altae arborēs *tall trees*
  altārum *of the tall (more than one)*
    arborum altārum *of the tall trees*
  altissimum *very high*
    ad montem altissimum trānsiendum *for going across the very high mountain*
  altissimus *very deep, very high*
    Rhēnus altissimus *very deep Rhine*
    mōns altissimus *very high mountain*
  altō *deep*
    flūmine nōn altō *since the river isn't deep*
  altum *deep, high*
    flūmen haud altum *hardly a deep river*
    collem altum vident *they see a high hill*
    quam altum! *How deep!*
    nimis altum *too deep*
  altumque *and tall*
  altus *high, deep*
    mōns altus *high mountain*
    lacus altus *deep lake*
altera *alternate, another*
    via altera *another way*
  alteram *alternate, other*
    viam alternam nēsciunt *they don't know the other way*
animō *mind, soul, will*
    in animō volvit *rolls in mind (i.e. thinks about)*
  animum *will*
    animum firmāre *to strengthen one's will (i.e. gain courage)*
  animus *will*
appropinquant *(more than one) approach, come*
    Germānī appropinquant *Germans are approaching*

appropinquant ad *they come towards*
appropinquantem *approaching*
    figūram appropinquantem spectat *watches an approaching figure*
appropinquantēs *approaching (more than one)*
    Germānī appropinquantēs *approaching Germans*
appropinquantī *approaching*
    hieme appropinquantī *since winter is approaching*
appropinquāre *to approach*
    ad Germāniam appropinquāre *to approach Germany*
appropinquat *comes, approaches*
    hiems appropinquat *winter is coming*
    rapidē appropinquat *rapidly approaches*
    iam appropinquat *is still approaching*
    appropinquat ad *comes towards, approaches*

<u>aqua</u> *water*
  aquā *water*
    in aquā *in water*
    ex aquā *out of water*
  aquae *of water*
    plēnum aquae *full of water*
  aquam *water*
    in aquam *into water*
    videō aquam *I see water*
    trāns aquam *across the water*

<u>arbor</u> *tree*
  arbore *tree*
    sub hāc arbore *under this tree*
  arborem *tree*
    in arborem *into a tree*
    prope arborem *near a tree*
  arborēs *trees*
    per arborēs *through the trees*
    arborēs trahunt *they drag trees*
    arborēs volvunt *they roll trees*
  arboribus *trees*
    oculīs obscūrīs arboribus *with eyes obscured by trees*
    pugnāmus arboribus *we fight using trees*
    sub arboribus *under the trees*
  arborum *of trees*
    sub tegmine arborum *under the cover of trees*
    potestātem arborum habēmus *we have power of the trees*

<u>arma</u> *weapons, armor*
    arma audīre *to hear weapons*
    arma gerere *to wear armor*
    arma quaerit *searches for weapons*
    nōn invenit arma *doesn't find weapons*
  armīs *weapons*
    sine armīs *without weapons*
    dē armīs *about weapons*

<u>arrogāns</u> *arrogant*
    quam arrogāns es! *How arrogant you are!*
    arrogāns Rōmānus *arrogant Roman*

<u>ātra</u> *dark, black*
    nimis ātra *too dark*
    figūra ātra *dark figure*
    via ātra *dark path*
  ātrae *black, dark (more than one)*
    trēs avēs ātrae *three black birds*

figūrae ātrae *dark figures*
ātrās *dark, black (more than one)*
figūrās ātrās videt *sees dark figures*
in avēs ātrās *onto black birds*
ātrī *dark (more than one)*
collēs ātrī *dark hills*
ātrōs *dark (more than one)*
videō collēs ātrōs *I see dark hills*
ātrum *black*
caelum ātrum fit *sky becomes black*
audī! *Listen!*
"Rōmāne, audī!" *"Listen, Roman!"*
audiēns *listening*
audiēns, per silvam spectat *listening, she gazes through the forest*
audiō *I hear*
sagittās audiō *I hear arrows*
audit *hears*
aliquid audit *hears something*
avēs canentēs audit *hears singing birds*
avēs neque videt neque audit *neither sees nor hears birds*
audītur *is heard*
neque audītur *is neither heard*
avis audītur *a bird is heard*
longē audītur *is heard far away*
audiuntur *(more than one) are heard*
arma audiuntur *weapons are heard*
Germānī audiuntur *Germans are heard*
ā Tiberiō audiuntur *they're heard by Tiberius*
sagittae audiuntur *arrows are heard*
neque videntur neque audiuntur *they're neither seen nor heard*
avēs audiuntur *birds are heard*
hominēs audiuntur *people are heard*
audīvistīne? *Did you hear?*
audīvistīne arma? *Did you hear weapons?*
audīvit *heard*
fēminam audīvit *heard the woman*
nihil audīvit *heard nothing*
Tiberium nōn audīvit *didn't hear Tiberius*
augur *augur, interpreter of birds for omens*
augurēs *augurs*
autem *however*
auxilium *help*
auxilium dare *to give help (i.e. to help)*
Tiberiō auxilium dantī *with Tiberius helping*
mihi auxilium dedistī *you gave help to me (i.e. you helped me)*
avēs *birds*
avēs vocāre *to call upon the birds*
avēs canentēs audit *hears singing birds*
avēs neque videt neque audit *neither sees nor hears birds*
in avēs *onto birds*
avēs spectat *gazes at the birds*
avēs audiuntur *birds are heard*
avibus *birds*
in avibus *within the birds*
avis *bird*

B

bardus *bard, a poet and singer of the Gauls*
Belga *a Belgian*
    esne Belga? *Are you a Belgian?*
  Belgae *Belgians*
  Belgīs *Belgians*
    dīvidit Gallōs ā Belgīs *divides the Gauls from the Belgians*
    Belgīs fortibus *since the Belgians are strong*
    Belgīs in Germānōs pugnantibus *with the Belgians fighting the Germans*
Belgicā *Belgium*
    in Belgicā *in Belgium*
    longē ā Belgicā *far away from Belgium*
bene *well, good*
brūma *winter solstice (i.e. longest night of the year)*

C

caedēs *slaughter, massacre*
    caedēs fuit *it was a slaughter*
  caedī *slaughter*
    dē caedī *about the slaughter*
cadit *falls*
    cadit in *falls into, onto*
  cadunt *(more than one) fall*
    in silvā cadunt *they fall in the forest*
caelī *of the sky*
    habēmus potestātem caelī *we have the power of the sky*
  caelō *sky*
    in caelō *in the sky*
  caelum *sky*
    in caelum *into the sky*
    caelum spectat *gazes at the sky*
    caelum vocāre *to call upon the sky*
canēbās *you were reciting*
    incantāmenta canēbās *you were reciting incantations*
  canēbat *used to sing*
    ferē cotīdiē canēbat *sang nearly every day*
  canentēs *singing (more than one)*
    avēs canentēs audit *hears singing birds*
  canere *to sing, recite*
    canere incipit *begins to recite*
  canit *recites, sings*
    incantāmenta canit *recites incantations*
    vir quī canit *a man who sings*
cārissimās *most cherished, dearest (more than one)*
    sorōrēs cārissimās interfēcērunt *they killed most cherished sisters*
  cārissimīs *most cherished, dearest (more than one)*
    dē multīs Tiberiō cārissimīs *about many things dear to Tiberius*
castrō *military camp*
    in castrō *in the military camp*
    ē castrō fugiunt *they flee out of the military camp*
  castrum *military camp*
    ad castrum currunt *they run towards the military camp*
    ad castrum appropinquant *they approach the military camp*
    in castrum *into the military camp*
    per castrum *through the camp*

firmāre castrum *to fortify the military camp*
dēfendere castrum *to defend the military camp*
ad castrum dēfendendum *for defending the military camp*

cautē *cautiously*
cecidit *fell*
  in flūmen cecidit *fell into the river*
  cecidistī *you fell*
    in flūmen cecidistī *you fell into the river*
celeriter *quickly*
  celeriterque *and quickly*
  celerrimē *very quickly*
    quam celerrimē *as fast as possible*
Celta *Celt*
  Celtae *Celts*
  Celtam *Celt*
    nōmen "Celtam" nēscit *doesn't know the name "Celt"*
  Celtās *Celts*
    nēscīs Celtās *you don't know the Celts*
Celtica *Celtic*
    Celtica fēmina *a Celtic woman*
    druias Celtica *a Celtic druid*
  Celticae *Celtic (more than one)*
    fēminae Celticae *Celtic women*
cētera *other (more than one)*
    cētera nōmina *other names*
  cēterī *other (more than one)*
    mīlitēs cēterī *other soldiers*
  cēterīs *other (more than one)*
    sine mīlitibus cēterīs *without the other soldiers*
    ā mīlitibus cēterīs *away from other soldiers*
collem *hill*
    collem vident *they see a hill*
    ad collem eunt *they go towards the hill*
  collēs *hills*
    ad collēs veniunt *they come to the hills*
    collēs trānseunt *they go over the hills*
  collis *hill*
cōnfūsī *(more than one) confused*
    paucī iam stantēs cōnfūsī sunt *the few still standing are confused*
  cōnfūsissimus *very confused*
    Tiberius cōnfūsissimus *very confused Tiberius*
  cōnfūsus *confused*
    Tiberius cōnfūsus *confused Tiberius*
contrā *against, facing*
cotīdiē *every day*
Cūr? *Why?*
curram *I will run*
  curre! *Run!*
  currendō *running*
    fessī currendō *tired from running*
  currēns *running*
    currēns, Tiberius fugit *running, Tiberius flees*
  currentī *running*
    Tiberiō currentī *since Tiberius has been running*
  currere *to run*
    currere incipit *begins to run*
  currit *runs*
    per hōrās currit *runs for hours*

currō *I run*
    quam celerrimē currō *I run as fast as possible*
currunt *(more than one) run*
    currunt in *they run into*
    ad castrum currunt *they run towards the military camp*
    currunt ex *they run out of*
    quam celerrimē currunt *they run as fast as possible*

D

dabō *I will give*
    auxilium tibi dabō *I will give help to you (i.e. I will help you)*
  dābuntne? *Will (more than one) give?*
    dābuntne incantāmenta tua auxilium? *Will your incantations give help?*
  dantī *giving*
    Tiberiō auxilium dantī *with Tiberius helping*
  dare *to give*
    auxilium dare *to give help*
  dat *gives*
    solstitium dat potestātem *the solstice gives power*
    dat nōbīs *gives to us*
  dāte! *(more than one), give!*
    dāte auxilium nōbīs! *Give us help!*
dē *from, about*
dea *goddess*
  deae *of a goddess*
    nōmen deae *name for a goddess*
  deam *goddess*
    nēscit figūram nōn esse deam *doesn't know that the figure isn't a goddess*
dedī *I gave*
    auxilium tibi dedī *I gave help to you (i.e. I helped you)*
  dedistī *you gave*
    mihi auxilium dedistī *you gave help to me (i.e. you helped me)*
dēfendendum *defending*
    ad dēfendendum *for defending*
  dēfendere *to defend*
    bene dēfendere nōn possunt *they're not able to defend well*
deinde *then*
dēnsae *dense (more than one)*
    dēnsae arborēs *dense trees*
  dēnsam *dense*
    in arborem dēnsam *into a dense tree*
    per silvam dēnsam *through the dense forest*
  dēnsārum *of dense (more than one)*
    arborum dēnsārum *of dense trees*
  dēnsārumque *and of dense (more than one)*
  dēnsīs *dense (more than one)*
    sub arboribus dēnsīs *under the dense trees*
deōs *gods*
    deōs vocat *calls upon the gods*
dēsertum *deserted*
    castrum dēsertum *deserted military camp*
dēspērant *(more than one) despair (i.e. lose hope)*
    mīles et druias nōn dēspērant *the soldier and druid don't despair*
  dēspēranter *desperately*
  dēspērāre *to despair*
    nōlī dēspērāre! *Don't despair!*

dēspērat *despairs*
    neque dēspērat *nor does she despair*
    ferē dēspērat *nearly despairs*
dī *gods*
    dī immortālēs! *Immortal gods! (i.e. OMGs!)*
Divicia *Divicia, the last Celtic priestess from the Isle of Sena*
    Diviciā *Divicia*
        Tiberiō et Diviciā trānsportātīs *since Tiberius and Divicia have been transported*
        Diviciā fessā trānsportandō *with Divicia tired from transporting*
        admīrātiōnem movet in Diviciā *impresses Divicia*
    Diviciae *of Divicia, to Divicia*
        incantāmentīs magicīs Diviciae *by the magical incantations of Divicia*
        Diviciae dare *to give to Divicia*
    Diviciam *Divicia*
        Tiberium et Diviciam invēnērunt *they've found Tiberius and Divicia*
        Tiberium et Diviciam vidēre *to see Tiberius and Divicia*
        videt Diviciam nōn posse *sees that Divicia isn't able*
        trahere Diviciam *to drag Divicia*
        Diviciam sānat *heals Divicia*
        haud Diviciam audit *hardly hears Divicia*
dīvidit *divides*
    dīvidit Gallōs ā Belgīs *divides the Gauls from the Belgians*
    dīvidit Helvētiōs ā Germānīs *divides the Helvetians from the Germans*
    dīvidit Sēquanōs ab Helvētiīs *divides the Sequani from the Helvetians*
dormiēbās *you were sleeping*
    per hōrās dormiēbās *you were sleeping for hours*
    dormiōne? *Am I sleeping?*
    dormit *sleeps*
        nōn dormit *isn't sleeping*
        mīles dormit *the solider sleeps*
druiadēs *druids*
    nēscit druiadēs *doesn't know the druids*
    Gallisēnae sunt druiadēs *Gallisenas are druids*
    druiadibus *druids*
        dat potestātem druiadibus *gives power to the druids*
    druiadis *of the druid*
        vultis druiadis *face of the druid*
    druiadum *of the druids*
        magica druiadum *magical things of the druids*
    druias *a druid*
Drūsus *Drusus, one of Tiberius' names*
duo *two*
    sumus duo *we're two*
    mīles et druias tantum duo sunt *the soldier and druid are only two*
    duōs *two*
        fīliōs duōs habeō *I have two sons*

E

ē/ex *out of, from*
eāmus! *Let's go!*
    eāmus in silvam! *Let's go into the forest!*
ecce! *Behold!, Look!*
ēheu! *Oh no!*
enim *for, in fact, because*
ēnorme *enormous*
    aliquid ēnorme *something enormous*

ēnormem *enormous*
>prope arborem ēnormem *near an enormous tree*
>videō montem ēnormem *I see an enormous mountain*

ēnormia *enormous (more than one)*
>arma ēnormia *enormous weapons*

ēnormis *enormous*
>quam ēnormis est arbor! *How enormous the tree is!*
>mōns ēnormis *enormous mountain*

ēnormisque *and enormous*

eōs *them*
>eōs interficere *to kill them*
>eōs vidēre *to see them*

eram *I was*
>**erant** *(more than one) were*
>**eratne?** *Was it?*
>**erimus** *we will be*
>**erit** *will be*

ergō *therefore*

es *you are*
>**esne?** *Are you?*
>**esse** *to be*
>**essent** *(more than one) would be*
>**est** *is*
>**estne?** *Is?*

et *and*

eum *him, it, them (singular)*
>eum nōn invenit *doesn't find it*
>eum trāxit *dragged him*
>eum videt *sees him*
>eum trānseunt *they go across it*

eunt *(more than one) go*
>ad collem eunt *they go towards the hill*

ēvānēscāmus *we could vanish*
>ut ēvānēscāmus *so that we vanish*

ēvānēscere *to vanish*
>possumus ēvānēscere *we're able to vanish*

ēvānēscunt *(more than one) vanish*
>in caelum ēvānēscunt *they vanish into the sky*

ēvānuimus *we vanished*
>in āerem ēvānuimus *we vanished into the air*

exercitū *army*
>sine exercitū *without the army*
>in exercitū *in the army*
>dē exercitū *about the army*
>ab exercitū *away from the army*

exercitum *army*
>exercitum vidēre *to see the army*
>fūgistīne exercitum? *Did you flee the army?*

exercitus *army*

F

facile *easy*
>facile nōn est *it's not easy*

facilē *easily*

familiāre *familiar*
>nōmen haud familiāre *hardly a familiar name*

flūmen familiāre *familiar river*
familiārem *familiar*
    montem familiārem spectat *gazes at a familiar mountain*
    stolam familiārem gerit *she's wearing a familiar dress*
familiārēs *familiar (more than one)*
    versūs familiārēs *familiar verses*
    familiārēs Tiberiō *they're familiar to Tiberius*
familiāria *familiar (more than one)*
    incantāmenta familiāria *familiar incantations*
familiāris *familiar*
    fēmina familiāris *familiar woman*
fatīgantīque *and becoming tired*
  fatīgat *fatigues, becomes tired*
    Tiberius fatīgat *Tiberius becomes tired*
    valdē fatīgat *becomes really tired*
  fatīgāvistī *you have become tired*
    iam fatīgāvistī *you've already become tired*
  fatīgāvit *fatigued, became tired*
    valdē fatīgāvit *became really tired*
    satis fatīgāvit ut *became tired enough such that*
  fatīgō *I'm fatigued, I become tired*
fēmina *woman*
  fēminae *of the woman, women*
    vultum fēminae *the woman's expression*
    tantum fēminae *only women*
  fēminam *woman*
    vidēre figūram esse fēminam *to see that the figure is a woman*
    fēminam audīvit *heard the woman*
    fēminam spectat *watches the woman*
    fēminam trahere *to drag a woman*
  fēminamque *and a woman*
ferē *almost*
fessa *tired*
    quam fessa sum! *How tired I am!*
    druias fessa *the tired druid*
  fessā *tired*
    Diviciā fessā trānsportandō *with Divicia tired from transporting*
  fessī *tired (more than one)*
    fessī currendō *tired from running*
  fessissima *very tired*
    es fessissima *you're very tired*
  fessissimus *very tired*
    fessissimus currendō *very tired from running*
figūra *figure*
    figūra ātra *dark figure*
  figūrae *of the figure, figures*
    oculī figūrae *eyes of the figure*
    figūrae appropinquant *figures approach*
  figūram *figure*
    figūram vidēre *to see a figure*
    contrā figūram stat *stands against the figure*
    figūram spectāre *to watch a figure*
    vidēre figūram esse *to see that the figure is*
    nēscit figūram nōn esse *doesn't know that the figure isn't*
  figūrās *figures*
    figūrās videt *sees figures*
filiī *of the son*
    versūs filiī *poetry of [his] son*

filiōs *sons*
  filiōs habēre *to have sons*
  filiōs meōs vidēre *to see my sons*
filium *son*
  filium in animō volvit *thinks about [his] son*
firmā! *Firm!, Strengthen!*
  firmā animum tuum! *Strengthen your will! (i.e. Gain courage!)*
firmandus *strengthend*
  firmandus est Tiberiō *must be strengthened for Tiberius*
firmant *(more than one) firm, fortify*
  firmant castrum *they fortify the military camp*
firmāre *to firm, fortify*
  firmāre castrum *to fortify the military camp*
firmat *firms, strengthens*
  animum firmat *strengthens [his] will (i.e. gains courage)*
firmātum *firmed, fortified*
  nōn satis firmātum est *isn't fortified enough*
firmēmus *we could fortify*
  ut nōs castrum firmēmus *for us to fortify the military camp*
fit *becomes*
  vultus obscūrus fit *face grows dark*
  caelum ātrum fit *sky becomes black*
flūmen *river*
  in flūmen *into the river*
  flūmen vidēre *to see a river*
  prope flūmen *near the river*
  trāns flūmen *across the river*
  ad flūmen veniunt *they come to a river*
  flūmen trānsīre possunt *they're able to cross the river*
  contrā flūmen *facing the river*
flūmenque *and the river*
flūmine *river*
  ē flūmine *out of the river*
  flūmine nōn altō *since the river isn't deep*
forte *strong*
  flūmen forte *strong river*
fortem *strong, mighty*
  fēminam fortem trahere *to drag a strong woman*
  dat potestātem fortem *gives mighty power*
fortēs *strong (more than one)*
  Belgae fortēs *strong Belgians*
  satis fortēs nōn sumus *we're not strong enough*
fortibus *strong (more than one)*
  Belgīs fortibus *since the Belgians are strong*
fortis *strong, of the strong*
  mīles fortis *strong soldier*
  fortis fēmina *strong woman*
  druiadis fortis *of the strong druid*
fortiter *strongly, bravely*
fortūnāta *fortunate*
  quam fortūnāta! *How fortunate!*
fortūnātae *fortunate (more than one)*
  quam fortūnātae! *How fortunate!*
fortūnātus *fortunate*
  fortūnātus es *you're fortunate*
fossa *trench, ditch*
fossam *trench*
  fossam trānsit *goes aross the trench*

prope fossam *near the trench*
fragilis *fragile*
    fragilis nōn est *she isn't fragile*
    scapha fragilis *fragile skiff (i.e. light boat)*
frīgidā *frigid*
    ex aquā frīgidā *out of frigid water*
  frīgidam *frigid, cold*
    in aquam frīgidam *into frigid water*
  frīgidissimus *very cold*
    āēr frīgidissimus *very cold air*
  frīgidō *cold*
    āere frīgidō *since the air is cold*
  frīgidum *frigid, cold*
    in flūmen frīgidum *into the frigid river*
    nimis frīgidum sit *it would be too cold*
  frīgidus *frigid, cold*
    āēr frīgidus *frigid air*
    Tiberius frīgidus *cold Tiberius*
frūstrā *frustratingly, pointless*
fuge! *Flee!*
  fugere *to flee*
    fugere incipere *to begin to flee*
    Germānōs fugere *to flee the Germans*
    fugere nōn possunt *they're not able to flee*
  fūgī *I fled*
    fūgī per silvam *I fled through the forest*
  fugiāmus! *Let's flee!*
    "surge, Rōmāne, fugiāmus!" *"Get up, Roman, let's get outta here!"*
  fugiendum *fleeing*
    ad fugiendum *for fleeing*
  fugiēns *fleeing*
    celeriter fugiēns *quickly fleeing*
  fugientī
    Tiberiō fugientī *with Tiberius fleeing*
  fugientēs *(more than one) fleeing*
    fugientēs Germānōs *fleeing the Germans*
  fūgistī *you fled*
    fūgistī sub tegmine noctis *you fled under the cover of night*
  fūgistīne? *Did you flee?*
    fūgistīne exercitum? *Did you flee the army?*
  fugit *flees*
    rapidē fugit *flees rapidly*
    dēspēranter fugit *desperately flees*
  fugiunt *(more than one) flee*
    haud celeriter fugiunt *they hardly quickly flee*
    ē castrō fugiunt *they flee out of the military camp*
fuit *it was*

G

Galla *a Gaul (i.e. Roman name for a Celt), the people living in what is now France*
  Gallī *Gauls*
  Gallōs *Gauls*
    dīvidit Gallōs ā Belgīs *divides the Gauls from the Belgians*
Gallisēna *Gallisena, a Celtic priestess from the Sena island*
  Gallisēnae *Gallisenas*
  Gallisēnam *Gallisena*

Diviciam, Gallisēnam ultimam, sānat *heals Divicia, the last Gallisena*
Gallisēnārum *of the Gallisenas*
  ūna ē Gallisēnārum *one of the Gallisenas*
Gallisēnās *Gallisenas*
  in animō Gallisēnās volvit *thinks about the Gallisenas*
gerentēs *(more than one) wearing*
  arma multa gerentēs *wearing much armor*
gerit *wears*
  stolam gerit *wears a dress*
gerunt *(more than one) wear*
  arma gerunt *they wear armor*
Germānī *Germans*
  Germānīs *Germans*
    Germānīs perterritīs *since the Germans are terrified*
    haud longē ā Germānīs *hardly far away from the Germans*
    Germānīs, arma sunt *for the Germans, there are weapons (i.e. they have weapons)*
  Germānīsque *and Germans*
  Germānōrum *of Germans*
    arma Germānōrum *weapons of the Germans*
    sagittae tēlaque Germānōrum *arrows and spears of the Germans*
    plēna Germānōrum *full of Germans*
  Germānōs *Germans*
    Germānōs fugere *to flee Germans*
    pugnant in Germānōs *fight against the Germans*
    contrā Germānōs *facing the Germans*
    Belgīs in Germānōs pugnantibus *with the Belgians fighting the Germans*
  Germānus *a German*
Germāniā *Germany*
  ā Germāniā longē *far away from Germany*
  Germāniam *Germany*
    prope Germāniam *near Germany*
    ad Germāniam appropinquāre *to approach Germany*
gladiō *sword*
  sine gladiō *without a sword*
  gladium *sword*
    gladium stringere *to draw a sword [out from a sheath]*
    gladium habēre *to have a sword*
    gladium quaerere *to search for a sword*

H

habēbam *I used to have*
  sorōrēs habēbam *I had sisters*
habēmus *we have*
  potestātem arborum habēmus *we have power of the trees*
  sagittās nōn habēmus *we don't have arrows*
habent *(more than one) have*
  potestātem habent *they have power*
habeō *I have*
  sorōrēs nōn habeō *I don't have sisters*
  uxōrem habeō *I have a wife*
  fīliōs duōs habeō *I have two sons*
  gladium nōn habeō *I don't have a sword*
  satis potestātis nōn habeō *I don't have enough power*
habēs *you have*
  habēs uxōrem et fīliōs *you have a wife and sons*

habēsne? *Do you have?*
    habēsne sorōrēs? *Do you have sisters?*
habet *has*
    gladium nōn habet *doesn't have a sword*
    vultum tranquillum habet *has a tranquil expression*
    oculōs habet *has eyes*
hāc *this*
    sub hāc arbore *under this tree*
haec *this*
    haec nox *this night*
haud *hardly*
Helvētiīs *Helvetians, people of modern day Switzerland*
    dīvidit Sēquanōs ab Helvētiīs *divides the Sequani from the Helvetians*
Helvētiōs *Helvetians*
    dīvidit Helvētiōs ā Germānīs *divides the Helvetians from the Germans*
hieme *in the winter*
    hieme appropinquantī *since winter is approaching*
hiems *winter*
hominēs *people*
    ex silvā hominēs currunt *people run out of the forest*
    hominēs audiuntur *people are heard*
homō *person*
hōra *hour*
hōram *hour*
    ferē hōram *for almost an hour*
hōrās *hours*
    per hōrās *for hours*

I

iacientēs *(more than one) throwing*
    tēla iacientēs *throwing spears*
iaciunt *(more than one) throw*
    tēla iaciunt *they throw spears*
iam *now, still, already*
in *in, on, into, onto*
incantāmenta *incantations, spells*
    nēscīs incantāmenta *you don't know incantations*
    incantāmenta canere *to recite incantations*
incantāmentā *incantations*
    pugnāmus incantāmentā *we fight with incantations*
    hominēs incantāmentā sānāmus *we heal people with incantations*
incantāmentīs *incantations*
    incantāmentīs magicīs Diviciae *by the magical incantations of Divicia*
    sine incantāmentīs *without incantations*
    tūtī erimus incantāmentīs magicīs *we'll be safe with magical incantations*
    incantāmentīs meīs *with my incantations*
incipit *begins, starts*
    fugere incipit *begins to flee*
    currere incipit *begins to run*
    canere incipit *begins to recite*
    trahere incipit *begins to drag*
    ferē incipit *is nearly starting*
incipiunt *(more than one) begin*
    currere incipiunt *they begin to run*
    fugere incipiunt *they begin to flee*
inornāta *inornate (i.e. plain)*

stola inornāta *plain dress*
inornāta *plain (more than one)*
arma inornāta *plain weapons*
inornātīs *plain (more than one)*
dē armīs inornātīs *about plain weapons*
īnsula *island*
īnsulā *island*
in īnsulā *on the island*
dē īnsulā *from the island*
interfēcērunt *(more than one) killed*
meās sorōrēs interfēcērunt *they killed my sisters*
interfectī *(more than one) have been killed*
interfectī sagittīs *they've been killed by arrows*
mīlitēs interfectī sunt *soldiers were killed*
interficere *to kill*
mē interficere *to kill me*
eōs interficere *to kill them*
interficiēmur *we're about to be killed*
interficiēmur! *We're about to be killed!*
invēnērunt *(more than one) have found*
Tiberium et Diviciam invēnērunt *they've found Tiberius and Divicia*
nōs invēnērunt *they've found us*
invenīre *to find*
volunt nōs invenīre *they want to find us*
invenit *finds*
eum nōn invenit *doesn't find it*
nōn invenit Rōmānōs *doesn't find Romans*
nōn invenit arma *doesn't find weapons*
Iovem *Jupiter/Zeus, the king of the gods*
Iovem Mārtemque vocat *calls upon Jupiter and Mars*
Iuppiter *Jupiter/Zeus*
īre *to go*
īre Rōmam *to go to Rome*
it *goes*
it in *goes into*
iterum *again*
Iūra *Mt. Jura, the mountain range from rivers Rhine to Rhone*
Iūrā *Mt. Jura*
longē ā Monte Iūrā *far from Mt. Jura*
Iūram *Mt. Jura*
trānsīre Montem Iūram *to go across Mt. Jura*

L

Lacū Lemannō *Lake Geneva*
ab Lacū Lemannō *from Lake Geneva*
Lacum Lemannum *Lake Geneva*
ad Lacum Lemannum *towards Lake Geneva*
trāns Lacum Lemannum *across Lake Geneva*
Lacum Lemannum quaerēns *searching for Lake Geneva*
Lacūs Lemannī *of Lake Geneva*
trāns aquam Lemannī spectat *looks across the water of Lake Geneva*
Lacus Lemannus *Lake Geneva*
linguā *language*
tuā linguā *in your language*
meā linguā *in my language*
linguae *languages*

longa *long*
> nox longa *long night*
> quam longa! *How long!*
> longa stola *a long dress*

longam *long*
> stolam longam gerit *wears a long dress*

longās *long (more than one)*
> arborēs longās trahunt *they drag long trees*

longē *longly (i.e. far away)*

longissima *really long, the longest*
> nox longissima *the longest night*
> quam longissima est via! *How long the way is!*

longissimae *really long, the longest*
> noctī longissimae *for the longest night*

longissimē *very longly (i.e. very far away)*

lūcent *(more than one) shine*
> oculī lūcent *eyes shine*

lūcentī *shining*
> sōle lūcentī *with the sun shining*
> sub lūnā lūcentī *under the shining moon*

lūcet *shines, is shining*
> sōl nōn lūcet *the sun isn't shining*
> ferē lūcet *almost shines*
> arbor lūcet *the tree shines*

lūna *moon*

lūnā *moon*
> sub lūnā *under the moon*

lūnam *moon*
> vidēre lūnam *to see the moon*

M

magica *magical*
> silva magica *magical forest*
> stola magica *magical dress*
> fēmina magica *magical woman*
> druias magica *magical druid*

magica *magical (more than one)*
> magica *magical things*
> incantāmenta magica *magical incantations*

magicae *magical (more than one)*
> fēminae magicae *magical women*

magicamque *and magical*
> fēminam fortem magicamque trahere *to drag a strong and magical woman*

magicī *magical (more than one)*
> oculī magicī *magical eyes*
> poētae magicī *magical poets*

magicīs *magical (more than one)*
> pugnāmus incantāmentīs magicīs *we fight with magical incantations*
> incantāmentīs magicīs Diviciae *by the magical incantations of Divicia*
> sine incantāmentīs magicīs *without magical incantations*

magicus *magical*
> vir magicus *magical man*

Mārs *Mars, the god of war*

Mārtemque *and Mars*
> Iovem Mārtemque vocat *calls upon Jupiter and Mars*

Matrona *a river in Gaul, now the Marne river*

Matronam *Marne*
    prope Matronam *near the Marne*
mē *me*
    in mē *within me*
    mē interficere *to kill me*
    mē trāxit *dragged me*
    nēscīs mē *you don't know me*
    mē vocāre *to call me*
    mē sānāvit *healed me*
  mēcum *with me*
    venī mēcum! *Come with me!*
mea *my*
    potestās mea *my power*
  meā *my*
    meā linguā *in my language*
  meās *my (more than one)*
    meās sorōrēs interfēcērunt *they killed my sisters*
  meīs *my (more than one)*
    incantāmentīs meīs *with my incantations*
  meōs *my (more than one)*
    fīliōs meōs vidēre *to see my sons*
  meum *my*
    proelium meum *my battle*
mihi *for me*
    mihi auxilium dedistī *you gave help to me (i.e. you helped me)*
mīles *soldier*
    fuge, mīles! *Flee, soldier!*
  mīlitēs *soldiers*
    mīlitēs vidēre *to see soldiers*
  mīlitibus *soldiers*
    sine mīlitibus *without soldiers*
    ā mīlitibus *away from soldiers*
    dē mīlitibus *about soldiers*
mīsērunt *(more than one) sent, shot*
    sagittās nōn mīsērunt *they didn't shoot arrows*
  mīsit *sent, shot*
    Quis sagittās mīsit?! *Who shot arrows?!*
  mīsī *to be sent, shot*
    videt multās sagittās mīsī *sees many arrows being shot*
  missae *(more than one) have been sent, shot*
    sagittae missae *arrows have been shot*
  mittant *(more than one) could send, shoot*
    ut sagittās mittant *so that they shoot arrows*
  mittunt *(more than one) send, shoot*
    sagittās mittunt *they shoot arrows*
mōns *mountain*
  monte *mountain*
    longē ā Monte Iūrā *far away from Mt. Jura*
    in monte *on the mountain*
  montem *mountain*
    montem spectat *gazes at a mountain*
    trānsīre Montem Iūram *to go across Mt. Jura*
    ad montem trānsiendum *for going across the mountain*
movēbant *used to move*
    admīrātiōnem movēbat in *used to move admiration in (i.e. impress)*
  movēbās *you were moving*
    nōn movēbās *you weren't moving*
  movēbat *was moving, moved*

nōn movēbat *didn't move*
movent *(more than one) move*
    tranquillē movent *they move calmly*
    arborēs movent *trees move*
    admīrātiōnem movent in *they move admiration in (i.e. impress)*
    multī nōn movent *many aren't moving*
movēre *to move*
    nōlī movēre! *Don't move!*
    movēre nimis celeriter *to move too quickly*
movēs *you move*
    Cūr nōn movēs?! *Why aren't you moving?!*
movet *moves*
    nōn movet *doesn't move*
    admīrātiōnem movet in *moves admiration in (i.e. impresses)*
multa *many, much*
    arma multa *many weapons, much armor*
    quam multa! *How very many!*
multae *many*
    multae linguae *many languages*
multārum *of many*
    arborum multārum *of many trees*
multās *many*
    sagittās multās mittunt *they shoot many arrows*
    videt multās sagittās *sees many arrows*
multī *many*
    nimis multī Germānī *too many Germans*
    Belgae multī *many Belgians*
multīs *many*
    dē multīs Tiberiō cārissimīs *about many things dear to Tiberius*
multōs *many*
    contrā Germānōs multōs *facing many Germans*

N

nam *for (i.e. because, for the reason that)*
nāta *born*
    nāta sum trāns flūmen *I was born across the river*
nātī *(more than one) born*
    Gallī nātī sunt *Gauls were born*
neque *neither...nor, not, and not*
nēsciō *I don't know*
nēscīs *you don't know*
    nēscīs mē *you don't know me*
    nēscīs Celtās *you don't know the Celts*
    nēscīs incantāmenta *you don't know incantations*
nēscit *doesn't know*
    nēscit figūram nōn esse *doesn't know that the figure isn't*
    nēscit ubi sit *doesn't know where he is*
    nōmen "Celtam" nēscit *doesn't know the name "Celt"*
    nēscit druiadēs *doesn't know the druids*
    nēscit quid sit *doesn't know what it could be*
nēsciunt *(more than one) don't know*
    viam alteram nēsciunt *they don't know the other way*
nihil *nothing*
nimis *too much, too*
nōbīs *to us, for us*
    dat nōbīs *gives to us*

nōbīs, arborēs sunt *for us, there are trees (i.e. we have trees)*
tempus est nōbīs *it's time for us*

noctī *night*
nōmen noctī *the name for the night*
  noctis *of night*
  sub tegmine noctis *under the cover of night*

nōlī! *Don't!*
nōlī movēre! *Don't move!*
nōlī esse! *Don't be!*
nōlī dēspērāre! *Don't despair!*

nōmen *name*
nōmen deae *name of a goddess*
nōmen recōgnōscere *to recognize a name*
  nōmina *names*
  Quot nōmina sunt tibi?! *How many names are there for you (i.e. do you have)?!*

nōn *not, doesn't*
nōnne? *Right?, No?, Doesn't...?, Don't...? (i.e. expecting a "yes" answer)*
nōs *us, we*
novem *nine*
novem Gallisēnae *nine Gallisenas*
nox *night*

O

Ō *"O,..." (when speaking directly to someone in a dramatic way)*
"Ō Iuppiter, Ō Mārs,..." *"Jupiter, Mars,..."*

obscūra *obscure, dark*
figūra obscūra *dark figure*
silva obscūra *dark forest*
  obscūrā *dark*
  in silvā obscūrā *in the dark forest*
  obscūram *dark*
  per silvam obscūram *through the dark forest*
  obscūraque *and obscured*
  obscūrī *obscured*
  oculī obscūrī *obscured eyes*
  obscūrīs *(more than one) obscured*
  oculīs obscūrīs *with eyes obscured*
  obscūrīsque *and dark (more than one)*
  obscūrissima *very dark*
  obscūrissima silva *very dark forest*
  obscūrōs *dark (more than one)*
  oculōs haud obscūrōs habet *has hardly dark eyes*
  obscūrum *dark*
  caelum obscūrum *dark sky*
  obscūrus *dark*
  vultus obscūrus fit *face grows dark*

oculī *eyes*
oculī Tiberiī *eyes of Tiberius*
oculī figūrae *eyes of the figure*
  oculīs *eyes*
  oculīs obscūrīs *with eyes obscured*
  oculōs *eyes*
  oculōs habet *has eyes*

P

paucī *few*
   sumus paucī *we are few*
   paucī iam stantēs *the few still standing*
   duo sunt paucī *two are few*
per *through*
pergāmus *Let's continue!, Let's press on!*
   "Tiberī, pergāmus!" *"Tiberius, let's press on!"*
  perge! *Continue!*
  pergere *to continue*
   pergere vult *wants to continue*
  pergit *presses on*
   cautē pergit *cautiously presses on*
  pergunt *(more than one) press on*
   mīlitēs pergunt *soldiers press on*
   Tiberius et Divicia pergunt *Tiberius and Divicia press on*
perpetua *perpetual*
   nox perpetua *perpetual night*
   ferē perpetua *nearly perpetual*
perterritī *terrified (more than one)*
   perterritī Germānī *terrified Germans*
  perterritīs *terrified (more than one)*
   Germānīs perterritīs *since the Germans are terrified*
  perterritus *terrified*
   perterritus homō *terrified person*
   Tiberius perterritus *terrified Tiberius*
Pīsō *Piso, Tiberius' little poet son*
  Pīsōnem *Piso*
   Pīsōnem in animō volvit *thinks about Piso*
plēna *full*
   lūna plēna *full moon*
   plēna Germānōrum *full of Germans*
  plēnā *full*
   sub lūnā plēnā *under the full moon*
  plēnam *full*
   lūnam plēnam vidēre *to see the full moon*
  plēnum *full*
   flūmen plēnum *full river*
   plēnum aquae *full of water*
poēta *poet*
  poētae *poets*
posse *to be able*
   videt Diviciam nōn posse *sees that Divicia isn't able*
  possimus *we could be able*
   ut trānsīre nōn possimus *such that we can't go across*
  possit *could be able*
   ut nōn possit *such that she wasn't able*
  possum *I am able*
   nōn possum tē sānāre *I'm not able to heal you*
  possumus *we're able*
   possumus ēvānēscere *we're able to vanish*
   dēfendere nōn possumus *we're not able to defend*
   nōn possumus pugnāre *we're not able to fight*
   nōn possumus trānsīre *we're not able to go across*
  possunt *(more than one) are able*
   trānsīre possunt *they're able to go across*
   fugere nōn possunt *they're not able to flee*
   bene dēfendere nōn possunt *they're not able to defend well*

potes *you are able, can*
>>vocāre potes *you're able to call*
>>haud potes nōs trānsportāre *you can hardly transport us*
potest *is able, can*
>>haud potest *can hardly*
>>vidēre potest *is able to see*
>>vidērī nōn potest *isn't able to be seen*
>>pugnāre nōn potest *isn't able to fight*
potestās *power*
potestātem *power*
>>quam potestātem habēs! *What power you have!*
>>potestātem habēre *to have power*
potestātis *of power*
>>satis potestātis *enough of power*
probābiliter *probably*
proelium *battle*
>>eratne proelium? *Was it a battle?*
>>nōn proelium, sed caedēs *not a battle, but a slaughter*
prope *near*
>>prope flūmen *near the river*
propē *nearby*
>>nōn satis propē sunt *they're not near enough*
pugnābam *I fought*
>>in exercitū pugnābam *I fought in the army*
pugnāmus *we fight*
>>pugnāmus incantāmentīs magicīs *we fight with magical incantations*
>>pugnāmus arboribus *we fight using trees*
pugnandī *of fighting*
>>habent potestātem pugnandī *they have the power of fighting*
pugnandum *fighting*
>>ad pugnandum *for fighting*
pugnant *(more than one) fight*
>>pugnant in *they fight against*
pugnantibus *(more than one) fighting*
>>Belgīs in Germānōs pugnantibus *with the Belgians fighting the Germans*
pugnāre *to fight*
>>pugnāre posse *to be able to fight*
pugnat *fights*
>>neque pugnat, neque fugit *neither fights, nor flees*

Q

quae *who, that*
>>figūra, quae appropinquat *the figure, that approaches*
quaerēns *searching for*
>>Lacum Lemannum quaerēns *searching for Lake Geneva*
quaerentēs *(more than one) searching for*
>>viam quaerentēs *searching for the path*
quaerit *searches for*
>>gladium quaerit *searches for the sword*
>>rapidē quaerit *quickly searches for*
>>Rōmānōs quaerit *searches for Romans*
>>arma quaerit *searches for weapons*
Quāle? *What kind of?*
Quālem *What kind of?*
Quālis? *What kind of?*

quam *how great, as much as*
>quam altae! *How tall!*
>quam celerrimē *as fast as possible*
>quam arrogāns es! *How arrogant you are!*
>quam multa! *How very many!*
>quam potestātem habēs! *What power you have!*

quamquam *although*

quī *who*
>Tiberius, quī sēparātus est *Tiberius, who was separated*
>Germānus, quī vult *a German, who wants*
>vir quī canit *a man who sings*

>**quī** *who (more than one)*
>>hominēs quī appropinquant *people who approach*

>**quōs** *which (more than one)*
>>collēs, quōs vīdī *the hills, which I saw*

Quid *What?*

Quis? *Who?*

quoque *also*

Quot? *How many?*

R

rapidē *rapidly, quickly*

recōgnōscit *recognizes*
>nōmen nōn recōgnōscit *doesn't recognize the name*
>flūmen recōgnōscit *recognizes the river*
>recōgnōscit montem *recognizes the mountain*
>vultum recōgnōscit *recognizes the face*

Rhēnum *The Rhine river, dividing Gaul and Germany*
>trāns Rhēnum *across the Rhine*

>**Rhēnus** *The Rhine*

rīdet *laughs*
>valdē rīdet *really laughs*

Rōma *Rome*

>**Rōmam** *to Rome*
>>Rōmam trānsportāre *to transport to Rome*
>>īre Rōmam *to go to Rome*

>**Rōmam** *Rome*
>>prope Rōmam *near Rome*

>**Rōmāne** *Roman*
>>"Rōmāne, audī!" *"Listen, Roman!"*
>>"Rōmāne, multae linguae sunt!" *"Roman, there are many languages!"*
>>"Rōmāne, surge!" *"Get up, Roman!"*

>**Rōmānī** *Roman (more than one)*
>>poētae Rōmānī magicī *magical Roman poets*

>**Rōmānīs** *to the Romans*
>>auxilium Rōmānīs dare *to give help to the Romans (i.e. to help the Romans)*

>**Rōmānō** *Roman*
>>in exercitū Rōmānō *in the Roman army*

>**Rōmānōs** *Romans*
>>Rōmānōs quaerit *searches for Romans*
>>nōn invenit Rōmānōs *doesn't find Romans*

>**Rōmānum** *Roman*
>>exercitum Rōmānum *Roman army*
>>nōmen Rōmānum *Roman name*
>>castrum Rōmānum *Roman military camp*

Rōmānus *Roman*
   es Rōmānus *you're a Roman*
   arrogāns Rōmānus *arrogant Roman*
   mīles Rōmānus *Roman soldier*

S

sagittae *arrows*
   sagittae audiuntur *arrows are heard*
sagittās *arrows*
   sagittās mittunt *they shoot arrows*
   sagittās habēre *to have arrows*
sagittīs *arrows*
   interfectī sagittīs *they've been killed by arrows*
sānāmus *we heal*
   hominēs sānāmus *we heal people*
sānāre *to heal*
   tē sānāre *to heal you*
sānat *heals*
   Diviciam sānat *heals Divicia*
sānāvit *healed*
   mē sānāvit *healed me*
   tē sānāvit *healed you*
satis *enough*
scapha *skiff, a light boat*
  scaphā *with a skiff*
   trānsiāmus scaphā! *Let's go across on the skiff (i.e. light boat)!*
sed *but*
Sēna *Île de Sein, or Sena, a small island off the coast of Gaul (now France)*
  Sēnā *Sena*
   in Sēnā *on Sena*
   dē Sēnā *from Sena*
sēparātus *separated*
   ā mīlitibus sēparātus *separated from soldiers*
   ab exercitū sēparātus *separated from the army*
Sēquana *Seine, river in Gaul (now France)*
  Sēquanam *Seine*
   prope flūmen Sēquanam *near the river Seine*
Sēquanōs *Sequani, the people living near the Seine*
   dīvidit Sēquanōs ab Helvētiīs *divides the Sequani from the Helvetians*
sēscentī *600 (but used in place of "tons" or "like, a thousand")*
   sēscentī Belgae *tons of Belgians*
sī *if*
silentium *silence*
silva *forest*
  silvā *forest*
   in silvā *in the forest*
   ex silvā *out of the forest*
  silvam *forest*
   per silvam *through the forest*
   silvam trānsportāre *to transport across the forest*
   silvam vocāre *to call upon the forest*
   in silvam *into the forest*
  silvās *forests*
   silvās trānsportāre *to transport across forests*
sine *without*
sint *(more than one) could be*

Ubi sint? *Where could they be?*
sit *could be*
    Ubi sit? *Where could it be?*
    Quis sit?! *Who could it be?*
    quam perterritus homō sit! *How scared a person would be!*
    sī fēmina sit *if the woman were*
    nēscit ubi sit *doesn't know where he is*
    nēscit quid sit *doesn't know what it could be*
    Quāle proelium sit? *What kind of battle would it be?*
    nimis frīgidum sit *it would be too cold*
    frūstrā sit *it would be pointless*
sitne? *Could it be?*
    sitne magica?! *Could it be magical?!*
    sitne Germānus? *Could it be a German?*
    sitne dea? *Could she be a goddess?*
    sitne haec hōra ultima?! *Could this be the final hour?!*
    sitne proelium ultimum?! *Could this be the last battle?!*
sōl *the sun*
sōle *the sun*
    sōle lūcentī *with the sun shining*
sōla *sole, alone*
    avis sōla *a sole bird*
    sōla sum *I'm alone*
sōlus *sole, alone*
    Tiberius sōlus est *Tiberius is alone*
    sōlus sum *I'm alone*
    mīles sōlus *the sole soldier*
    sōlus eram *I was alone*
solstitium *summer solstice (i.e. longest day of the year)*
sorōrēs *sisters*
    habēre sorōrēs *to have sisters*
    meās sorōrēs interfēcērunt *they killed my sisters*
spectābō *I will watch*
    tē spectābō *I'll be watching you*
spectāns *watching*
    vultum fēminae spectāns *watching the woman's expression*
spectant *(more than one) gaze*
    ad Āfricum spectant *they gaze towards the southwest*
spectat *watches, gazes*
    figūram spectat *watches a figure*
    longē spectat *gazes far off*
    Tiberium spectat *watches Tiberius*
    fēminam spectat *watches the woman*
    per silvam spectat *gazes through the forest*
    caelum spectat *gazes at the sky*
    avēs spectat *gazes at the birds*
stant *(more than one) stand*
    in castrō stant *they stand in the military camp*
    contrā Germānōs stant *they stand against the Germans*
stantēs *(more than one) standing*
    paucī iam stantēs *the few still standing*
stat *stands*
    contrā figūram stat *stands facing the figure*
    fortiter stat *bravely stands*
    contrā Germānōs stat *stands facing the Germans*
stola *a dress*
stolam *dress*
    stolam gerere *to wear a dress*

strictīs *(more than one) drawn*
    tēlīs strictīs *with spears drawn (i.e. ready to be thrown)*
stringere *to draw out*
    gladium stringere *to draw out a sword [from a sheath]*
stringit *draws out*
    gladium stringit *draws out a sword [from the sheath]*
sub *under, beneath*
subitō *suddenly*
sum *I am*
  sumne?! *Am I?!*
  sumus *we are*
sunt *(more than one) are*
  suntne? *Are (more than one)?*
surge! *Surge!, Rise!, Get up!*
    "Rōmāne, surge!" *"Get up, Roman!"*
  surgere *to rise*
    surgere nōn posse *to not be able to rise*
  surgit *gets up, rises*
    nōn surgit *doesn't get up*
    surgit ē/ex *rises out of*
  surgunt *(more than one) rise up*
    in āerem surgunt *they rise up into the air*
suspīciōsēque *and suspiciously*
  suspīciōsus *suspicious*
    Tiberius suspīciōsus *suspicious Tiberius*

T

tantum *only*
tē *you*
    tē spectābō *I'll be watching you*
    tē sānāre *to heal you*
tegmine *a covering, cover*
    sub tegmine arborum *under the cover of trees*
    tegmine arborum *by the cover of trees*
tēla *spears*
    tēla iacere *to throw spears*
  tēlaque *and spears*
  tēlīs *spears*
    tēlīs strictīs *with spears drawn (i.e. ready to be thrown)*
temporis *of time*
    satis temporis *enough of time (i.e. enough time)*
  tempus *time*
    tempus est nōbīs *it's time for us*
Tiberī *"Tiberius..."*
    "Tiberī, pergāmus!" *"Tiberius, let's press on!"*
  Tiberiī *of Tiberius*
    oculī Tiberiī *eyes of Tiberius*
  Tiberiō *Tiberius*
    Tiberiō currentī *since Tiberius has been running*
    Tiberiō fugientī fatīgantīque *with Tiberius fleeing and becoming tired*
    familiārēs Tiberiō *familiar to Tiberius*
    ā Tiberiō audiuntur *they're heard by Tiberius*
    Tiberiō et Diviciā trānsportātīs *since Tiberius and Divicia have been transported*
    Tiberiō, facile nōn est *for Tiberius, it's not easy*
    Tiberiō auxilium dantī *with Tiberius helping*
    Tiberiō, frūstrā esse vidētur *to Tiberius, it seems to be pointless*

in Tiberiō *within Tiberius*
dē multīs Tiberiō cārissimīs *about many dear things to Tiberius*
firmandus est Tiberiō *must be strengthened for Tiberius*
Tiberium *Tiberius*
Tiberium spectat *watches Tiberius*
ad Tiberium *towards Tiberius*
Tiberium et Diviciam invēnērunt *they've found Tiberius and Divicia*
Tiberium et Diviciam vidēre *to see Tiberius and Divicia*
Tiberius *Tiberius*
tibi *for you, to you*
est tibi *is for you (i.e. your)*
tibi auxilium dare *to give help to you*
Quot nōmina sunt tibi?! *How many names are there for you (i.e. do you have)?!*
trahere *to drag*
trahere incipit *begins to drag*
fēminam trahere *to drag a woman*
trahunt *(more than one) drag*
arborēs trahunt *they drag trees*
tranquilla *tranquil, calm*
silva tranquilla *tranquil forest*
tranquillam *tranquil*
per silvam tranquillam *through the tranquil forest*
trāns aquam *across the water*
tranquillē *tranquily, calmly*
tranquillum *tranquil*
vultum tranquillum habet *has a tranquil expression*
tranquillus *tranquil, calm*
āēr tranquillus *calm air*
trāns *across*
trānseunt *(more than one) go across, go over*
eum trānseunt *they go across it*
collēs trānseunt *they go over the hills*
trānsiāmus! *Let's cross!*
trānsiāmus flūmen! *Let's cross the river!*
trānsiāmus scaphā! *Let's go across on the skiff (i.e. light boat)!*
trānsiendum *for going across*
ad montem trānsiendum *for going across the mountain*
trānsīre *to go across*
flūmen trānsīre posse *to be able to cross the river*
trānsīre Montem Iūram *to go across Mt. Jura*
ut trānsīre nōn possimus *such that we can't go across*
trānsīre scaphā *to go across on a skiff (i.e. light boat)*
trānsit *goes across*
fossam trānsit *goes across the ditch*
trānsportandō *transporting*
Diviciā fessā trānsportandō *with Divicia tired from transporting*
trānsportāre *to transport across*
silvās trānsportāre *to transport across forests*
trānsportātīs *(more than one) transported*
nōbīs silvam trānsportātīs *since we've been transported across the forest*
trānsportāvī *I transported*
nōs trānsportāvī *I transported us*
trānsportāvistī *you transported*
nōs trānsportāvistī *you transported us*
trānsportāvit *transported*
silvam nōs trānsportāvit *transported us across the forest*
trāxī *I dragged*
trāxī tē *I dragged you*

trāxistī *you dragged*
    mē trāxistī *you dragged me*
trāxit *dragged*
    eum trāxit *dragged him*
    mē trāxit *dragged me*
trēs *three*
    trēs avēs ātrae *three black birds*
    collēs trēs *three hills*
  tribus *three*
    in avibus tribus *within three birds*
tua *your (more than one)*
    incantāmenta tua *your incantations*
  tuā *your*
    tuā linguā *in your language*
  tuās *your (more than one)*
    sorōrēs tuās interfēcērunt *they killed your sisters*
  tuum *your*
    firmā animum tuum! *Strengthen your will!*
tūtī *safe (more than one)*
    sumus tūtī *we're safe*
    tūtī erimus *we'll be safe*

U

Ubi? *Where?*
ultima *ultimate, last, final*
    ultima Gallisēna *the last Gallisena*
    hōra ultima *the final hour*
  ultimam *last*
    Diviciam, Gallisēnam ultimam, sānat *heals Divicia, the last Gallisena*
  ultimum *last*
    proelium ultimum *last battle*
ūna *one*
    ūna ē Gallisēnārum *one of the Gallisena*
    ūna scapha *one skiff (i.e. light boat)*
ut *so that, in order to, such that*
    ut nōs castrum firmēmus *for us to fortify the military camp*
    satis fatīgāvit ut *got tired enough such that*
    ut nōn possit *such that she wasn't able*
    ut sagittās mittant *so that they shoot arrows*
    ut ēvānēscāmus *so that we vanish*
    ut trānsīre nōn possimus *such that we can't go across*
uxōrem *wife*
    uxōrem in animō volvit *thinks about [his] wife*
    uxōrem habeō *I have a wife*
    uxōrem vidēre *to see [my] wife*

V

valdē *very, really*
velīs *you would want*
    sī velīs *if you'd want (i.e. if you'd like)*
  velit *would want*
    movēre nōn velit *wouldn't want to move*
venī! *Come!*

venī mēcum! *Come with me!*
veniunt *(more than one) come*
    ad flūmen veniunt *they come to a river*
    ex silvā veniunt *they come out of the forest*
    ad collēs veniunt *they come to the hills*
versūs *verses, poetry*
    versūs essent *verses would be*
    versūs fīliī *poetry of [his] son*
via *road, way, path*
    quam longissima est via! *How long the road is!*
viam *path*
    viam nōn videt *doesn't see the path*
    viam quaerentēs *searching for the path*
vidēbātur *seemed*
    esse vidēbātur *seemed to be*
vident *(more than one) see*
    Tiberium et Diviciam vident *they see Tiberius and Divicia*
    collem vident *they see a hill*
videntur *(more than one) seem, are seen*
    videntur esse *they seem to be*
    neque videntur neque audiuntur *they're neither seen nor heard*
videō *I see*
    videō aquam *I see water*
    videō flūmen *I see a river*
vidēre *to see*
    potest vidēre *is able to see*
    facilē vidēre *to see easily*
    vidēre figūram esse *to see that the figure is*
    flūmen vidēre *to see a river*
    eōs vidēre *to see them*
    volō vidēre *I want to see*
    fīliōs meōs vidēre *to see my sons*
    uxōrem vidēre *to see [my] wife*
vidērī *to be seen*
    vidērī posse *to be able to be seen*
vidēsne? *Do you see?*
    vidēsne aliquid? *Do you see something?*
videt *sees*
    exercitum nōn videt *doesn't see the army*
    nōn bene videt *doesn't see well*
    neque mīlitēs videt *nor sees soldiers*
    nihil videt *sees nothing*
    haud videt *hardly sees*
    figūram videt *sees a figure*
    viam nōn videt *doesn't see the path*
    eum videt *sees him*
    videt Diviciam nōn posse *sees that Divicia isn't able*
    flūmen videt *sees a river*
    aliquid videt *sees something*
    figūrās videt *sees figures*
    videt multās sagittās mīsī *sees many arrows being sent*
    avēs neque videt neque audit *neither sees nor hears birds*
vidētur *seems, is seen*
    esse vidētur *seems to be*
    neque vidētur *nor is seen*
    aliquid vidētur *something is seen*
    longē vidētur *is seen far away*
vīdī *I saw*

col: collēs quōs vīdī *hills which I saw*
flūmen vīdī *I saw a river*

vir *man*

vīs *you want*
sī fugere vīs *if you want to flee*
Quid vīs? *What do you want?*
nōnne vīs īre Rōmam? *Don't you want to go to Rome?*
auxilium mihi dare vīs *you want to give help to me (i.e. you want to help me)*

vocantur *(more than one) are called*
vocantur 'Gallisēnae' *they're called "Gallisenas"*

vocāre *to call, to call upon*
mē vocāre *to call me*
caelum et silvam et avēs vocāre vult *wants to call upon the sky, forest, and birds*

vocat *calls upon*
deōs vocat *calls upon the gods*

vocor *I'm called*

volentēs *(more than one) wanting*
eōs interficere volentēs *wanting to kill them*

volō *I want*
volō dare *I want to give*
volō vidēre *I want to see*
īre volō *I want to go*

volunt *(more than one) want*
eōs interficere volunt *they want to kill them*
nōs interficere volunt *they want to kill us*
volunt nōs invenīre *they want to find us*

volvit *turns*
in animō volvit *rolls in mind (i.e. thinks about)*

volvunt *(more than one) roll*
arborēs volvunt *they roll trees*

vult *wants*
interficere vult *wants to kill*
stringere vult *wants to draw out [from a sheath]*
dare vult *wants to give*
pergere vult *wants to continue*
appropinquāre nōn vult *doesn't want to approach*
vocāre vult *wants to call upon*

vultum *face, expression*
vultum tranquillum habet *has a tranquil expression*
vultum fēminae spectāns *watching the woman's expression*

vultus *face*
vultus druiadis *face of the druid*

Pisoverse Novellas & Resources

Magister P's Pop-Up Grammar

Pop-Up Grammar occurs when a student—not teacher—asks about a particular language feature, and the teacher offers a very brief explanation in order to continue communicating (i.e. interpreting, negotiating, and expressing meaning during reading or interacting).

Teachers can use this resource to provide such explanations, or students can keep this resource handy for reference when the teacher is unavailable. Characters and details from the Pisoverse novellas are used as examples of the most common of common Latin grammar.

Level AA
Early Beginner

Mārcus magulus
(11 cognates + 8 other words)

Marcus likes being a young Roman mage, but such a conspicuous combo presents problems in Egypt after he and his parents relocate from Rome. Despite generously offering his magical talents, this young mage feels like an obvious outsider, sometimes wishing he were invisible. Have you ever felt that way? Marcus searches Egypt for a place to be openly accepted, and even has a run-in with the famously fiendish Sphinx! Can Marcus escape unscathed?

Olianna et obiectum magicum
(12 cognates + 12 other words)

Olianna is different from the rest of her family, and finds herself excluded as a result. Have you ever felt that way? One day, a magical object appears that just might change everything for good. However, will it really be for the better? Can you spot any morals in this tale told from different perspectives?

Rūfus lutulentus
(20 words)

Was there a time when you or your younger siblings went through some kind of gross phase? Rufus is a Roman boy who likes to be muddy. He wants to be covered in mud everywhere in Rome, but quickly learns from Romans who bathe daily that it's not OK to do so in public. Can Rufus find a way to be muddy?

Rūfus et Lūcia: līberī lutulentī
(25-70 words)

Lucia, of Arianne Belzer's Lūcia: puella mala, joins Rufus in this collection of 18 additional stories. This muddy duo has fun in the second of each chapter expansion. Use to provide more exposure to words from the novella, or as a Free Voluntary Reading (FVR) option for all students, independent from Rūfus lutulentus.

Quīntus et nox horrifica
(26 cognates, 26 other words)

Monsters and ghosts...could they be real?! Is YOUR house haunted? Have YOU ever seen a ghost? Quintus is home alone when things start to go bump in the night in this scary novella. It works well with any Roman House unit, and would be a quick read for anyone interested in Pliny's ghost story.

Syra sōla
(29 words)

Syra likes being alone, but there are too many people everywhere in Rome! Taking her friend's advice, Syra travels to the famous coastal towns of Pompeii and Herculaneum in search of solitude. Can she find it?

Syra et animālia
(35-85 words)

In this collection of 20 additional stories, Syra encounters animals around Rome. Use to provide more exposure to words from the novella, or as a Free Voluntary Reading (FVR) option for all students, independent from Syra sōla.

Poenica purpurāria
(16 cognates, 19 other words)

Poenica is an immigrant from Tyre, the Phoenician city known for its purple. She's an extraordinary purple-dyer who wants to become a tightrope walker! In this tale, her shop is visited by different Romans looking to get togas purpled, as well as an honored Vestal in need of a new trim on her sacred veil. Some requests are realistic—others ridiculous. Is life all work and no play? Can Poenica find the time to tightrope walk?

Pīsō perturbātus
(36 words)

Piso minds his Ps and Qs..(and Cs...and Ns and Os) in this alliterative tongue-twisting tale touching upon the Roman concepts of ōtium and negōtium. Before Piso becomes a little poet, early signs of an old curmudgeon can be seen.

Drūsilla in Subūrā
(38 words)

Drusilla is a Roman girl who loves to eat, but doesn't know how precious her favorite foods are. In this tale featuring all kinds of Romans living within, and beyond their means, will Drusilla discover how fortunate she is?

Rūfus et arma ātra
(40 words)

Rufus is a Roman boy who excitedly awaits an upcoming fight featuring the best gladiator, Crixaflamma. After a victorious gladiatorial combat in the Flavian Amphitheater (i.e. Colosseum), Crixaflamma's weapons suddenly go missing! Can Rufus help find the missing weapons?

Rūfus et gladiātōrēs
(49-104 words)

This collection of 28 stories adds details to characters and events from Rūfus et arma ātra, as well as additional, new cultural information about Rome, and gladiators. Use to provide more exposure to words from the novella, or as a Free Voluntary Reading (FVR) option for all students, independent from Rūfus et arma ātra.

Level A
Beginner

Mārcus et scytala Caesaris
(20 cognates + 30 other words)

Marcus has lost something valuable containing a secret message that once belonged to Julius Caesar. Even worse, it was passed down to Marcus' father for safekeeping, and he doesn't know it's missing! As Marcus and his friend Soeris search Alexandria for clues of its whereabouts, hieroglyphs keep appearing magically. Yet, are they to help, or hinder? Can Marcus decipher the hieroglyphs with Soeris' help, and find Caesar's secret message?

Agrippīna aurīga
(24 cognates + 33 other words)

Young Agrippina wants to race chariots, but a small girl from Lusitania couldn't possibly do that...could she?! After a victorious race in the stadium of Emerita, the local crowd favorite charioteer, Gaius Appuleius Dicloes, runs into trouble, and it's up to Agrippina to step into much bigger shoes. Can she take on the reins in this equine escapade?

diāria sīderum
(30-60 cognates + 50-100 other words)

Not much was known about The Architects—guardians of the stars—until their diaries were found in dark caves sometime in the Tenth Age. Explore their mysterious observations from the Seventh Age (after the Necessary Conflict), a time just before all evidence of their existence vanished for millenia! What happened to The Architects? Can you reconstruct the events that led to the disappearance of this ancient culture?

trēs amīcī et mōnstrum saevum
(28 cognates + 59 other words)

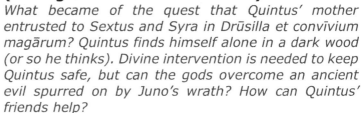

What became of the quest that Quintus' mother entrusted to Sextus and Syra in Drūsilla et convīvium magārum? Quintus finds himself alone in a dark wood (or so he thinks). Divine intervention is needed to keep Quintus safe, but can the gods overcome an ancient evil spurred on by Juno's wrath? How can Quintus' friends help?

sitne amor?
(36 cognates, 53 other words)

Piso and Syra are friends, but is it more than that? Sextus and his non-binary friend, Valens, help Piso understand his new feelings, how to express them, and how NOT to express them! This is a story of desire, and discovery. Could it be love?

ecce, poēmata discipulīs
(77 cognates + 121 other words)

"Wait, we have to read...Eutropius...who's that?! Homework on a Friday?! Class for an hour straight without a break?! Oh no, more tests in Math?! What, no glossary?! Why can't we just read?! Honestly, I was in bed (but the teacher doesn't know!)..." This collection of 33 poems is a humorous yet honest reflection of school, Latin class, homework, tests, Romans, teaching, and remote learning.

Magister P's Poetry Practice

Ain't got rhythm? This book can help. You'll be presented with a rhythm and two words, phrases, or patterns, one of which matches. There are three levels, Noob, Confident, and Boss, with a total of 328 practice. This book draws its words, phrases, and patterns entirely from "ecce, poemata discipulis!," the book of poetry with over 270 lines of dactylic hexameter. Perhaps a first of its kind, too, this book can be used by students and their teacher at the same time. Therefore, consider this book a resource for going on a rhythmic journey together.

Agrippīna: māter fortis
(65 words)

Agrippīna is the mother of Rūfus and Pīsō. She wears dresses and prepares dinner like other Roman mothers, but she has a secret—she is strong, likes wearing armor, and can fight just like her husband! Can she keep this secret from her family and friends?

Līvia: māter ēloquens
(44-86 words)

Livia is the mother of Drusilla and Sextus. She wears dresses and prepares dinner like other Roman mothers, but she has a secret—she is well-spoken, likes wearing togas, and practices public speaking just like her brother, Gaius! Can she keep this secret from her family and friends? Livia: mater eloquens includes 3 versions under one cover. The first level, (Alpha), is simpler than Agrippina: mater fortis; the second level, (Beta) is the same level, and the third, (Gamma-Delta) is more complex.

Pīsō et Syra et pōtiōnēs mysticae
(163 cognates, 7 other words)

Piso can't seem to write any poetry. He's distracted, and can't sleep. What's going on?! Is he sick?! Is it anxiety?! On Syra's advice, Piso seeks mystical remedies that have very—different—effects. Can he persevere?

A LATIN NOVELLA
BY LANCE PIANTAGGINI

Drūsilla et convīvium magārum
(58 words)

Drusilla lives next to Piso. Like many Romans, she likes to eat, especially peacocks! As the Roman army returns, she awaits a big dinner party celebrating the return of her father, Julius. One day, however, she sees a suspicious figure give something to her brother. Who was it? Is her brother in danger? Is she in danger?

Level B
Advanced Beginner

MĪTHOS MALUS
CONVĪVIUM TERREGIS

A LATIN NOVELLA
BY LANCE PIANTAGGINI

mȳthos malus: convīvium Terregis
(41 cognates + 56 other words)

An obvious nod to Petronius' Cena Trimalchionis, yes, but this is not an adaptation, by any means. In this tale, Terrex can't get anything right during his latest dinner party. He's confused about Catullus' carmina, and says silly things left and right as his guests do all they can to be polite, though patience is running low. With guests even fact-checking amongst themselves, can Terrex say something remotely close to being true? Will the guests mind their manners and escape without offending their host?

STGNA ZŌDIACA Vol. I
STGNA ZŌDIACA Vol. II
STGNA ZŌDIACA Vol. III

an Astrological Latin Reader
by Lance Piantaggini

sīgna zōdiaca Vol. 1
(63 cognates, 84 other words)
sīgna zōdiaca Vol. 2
(63 cognates, 92 other words)
sīgna zōdiaca Vol. 3
(62 cognates, 93 other words)

Do you like stories about gods and monsters? Did you know that the zodiac signs are based on Greek and Roman mythology? Your zodiac sign can tell you a lot about yourself, but not everyone feels that strong connection. Are your qualities different from your sign? Are they the same? Read signa zodiaca to find out! These readers are part non-fiction, and part Classical adaptation, providing information about the zodiac signs as well as two tiered versions of associated myths.

Level C
Low Intermediate

fragmenta Pīsōnis
(96 words)

This collection of poetry is inspired by scenes and characters from the Pisoverse, and features 50 new lines of poetry in dactylic hexameter, hendecasyllables, and scazon (i.e. limping iambics)! fragmenta Pīsōnis can be used as a transition to the Piso Ille Poetulus novella, or as additional reading for students comfortable with poetry having read the novella already.

Pīsō Ille Poētulus
(108 words)

Piso is a Roman boy who wants to be a great poet like Virgil. His family, however, wants him to be a soldier like his father. Can Piso convince his family that poetry is a worthwhile profession? Features 22 original, new lines of dactylic hexameter.

Pīsō: Tiered Versions
(68-138 words)

This novella combines features of Livia: mater eloquens with the tiered versions of the Piso Ille Poetulus story taken from its Teacher's Guide and Student Workbook. There are 4 different levels under one cover, which readers choose, switching between them at any time. Piso: Tiered Versions could be used as scaffolding for reading the original novella, Piso Ille Poetulus. Alternatively, it could be read independently as a Free Voluntary Reading (FVR) option, leaving it up to the learner which level to read.

Tiberius et Gallisēna ultima
(155 words)

Tiberius is on the run. Fleeing from an attacking Germanic tribe, the soldier finds himself separated from the Roman army. Trying to escape Gaul, he gets help from an unexpected source—a magical druid priestess (a "Gaul" in his language, "Celt" in hers). With her help, can Tiberius survive the punishing landscape of Gaul with the Germanic tribe in pursuit, and make his way home to see Rufus, Piso, and Agrippina once again?

...and more!
See _magisterp.com_ for the latest:

teacher's materials
other books
audio

Made in United States
Orlando, FL
24 January 2022

13994472R00061